Ludwig Rockinger

**Magister Lorenz Fries zum fränkisch-wirzburgischen Rechts-
und Gerichtswesen**

Ludwig Rockinger

Magister Lorenz Fries zum fränkisch-wirzburgischen Rechts- und Gerichtswesen

ISBN/EAN: 9783743663978

Hergestellt in Europa, USA, Kanada, Australien, Japan

Cover: Foto ©Suzi / pixelio.de

Weitere Bücher finden Sie auf **www.hansebooks.com**

Magister Lorenz Fries

zum

fränkisch-wirzburgischen Rechts- und Gerichtswesen.

Von

Dr. Ludwig Rockinger.

Aus den Abhandlungen der k. bayer. Akademie der W. III. Cl. XI. Bd. III. Abth.

München 1871.
Verlag der k. Akademie,
in Commission bei G. Franz.
Akademische Buchdruckerei von F. Straub.

Magister Lorenz Fries

aus

fränkisch - wirzburgischen Rechts - und Gerichtswesen.

Von

Dr. Ludwig Rockinger.

———

Von den Werken des grossen Geschichtschreibers des Hochstiftes Wirzburg und Herzogthums Franken stehen zwei
umfangreiche seit Jahrhunderten in gesegnetem Andenken nicht allein
in Franken sondern auch weit über dasselbe hinaus bei Deutschlands
Geschichtsforschern und Geschichtsfreunden. Wir meinen seine Geschichte des im Jahre 1525 im Hochstifte Wirzburg in wilden Flammen
entbrannten Bauernaufruhres, und insbesondere seine — mit Einrech-
nung von noch ungedruckten Theilen — bis gegen die Mitte des sechzehnten Jahrhunderts reichende Historie oder Chronik[1]) des Hochstiftes

———

1) Er wechselt selbst mit diesen Bezeichnungen. So hatte er beispielsweise in der alsbald
zur Sprache kommenden hohen Registratur 1 Fol. 7 unter dem Worte Ainigung bei der
Erwähnung dass Fürstbischof Johann aus dem Geschlechte von Brunn oft mit seinem
Capitel in Streit gerathen und sich mit demselben wieder vertragen, ursprünglich bemerkt:
dauon auch in meinem buch so ich von den bischouen zu Wirtzburg gemacht hab: da
wurdest du des vnd anderer sachen guten bericht finden, welche Stelle er nachher in die
Fassung umänderte: dauon auch in der histori von den bischouen zu Wirtzburg gemacht.
Ebendort 1 Fol. 40' unter dem Worte Bargildi lesen wir: dauon auch weiter in meiner
chronicken von den bischouen. Ebendaselbst 1 Fol. 58' unter dem Worte Bischoue steht:
findest du guten vnd lautern bericht ordenlich beschriben in meiner histori von allen

1 *

Wirzburg und Herzogthums Franken, ein Werk von welchem ein aus-
gezeichneter Kenner älterer fränkischer Geschichte und einstigen fränkischen
Lebens [1]) mit vollstem Rechte bemerkt, sie „war im Frankenlande ein
so volksthümliches Buch und ist es bis heute geblieben, dass nur wenige
Landeseingeborne gefunden werden dürften die nicht ein oder das andere
aus dieser „Chronik" wüssten, indessen der Freund der fränkischen
Geschichte sich diese gar nicht ohne „Fries" denken kann, wogegen
der fränkisch-wirzburgische Geschichtsforscher, je tiefer gründlicher und
umfassender seine Studien sind, nie ohne tiefe Verehrung „seinen Fries"
aus der Hand legt."

Sehr aber würde man irren, wollte man glauben das seien die
einzigen Erzeugnisse der Thätigkeit des emsigen Mannes auf dem lite-
rarischen Felde. Wir wollen nicht von der niedlichen Arbeit über
Wirzburg sprechen welche er — wohl in besonderem Auftrage des
Fürstbischofes Melchior aus dem Geschlechte von Zobel — mit seinem
Freunde Ewald von Kreuznach in Begleitung eines äusserst übersicht-
lichen aus der Vogelperspective genommenen Bildes der Stadt Wirzburg

---

bischofen zu Wirtzburg zusamen bracht. Ebendort 1 Fol. 270 schreibt er unter dem Worte
Häller oder Haller zum Jahre 1410: als bischof Johanns die hohen schoele zu Wirtzburg
vfgericht vnd den maisteren lerern vnd schoeleren ain freihait geben am dato haltend
donerstag nach Michaelis, jet in solcher freihait 1 pfd. haller fur 1 fl. reinisch in gold
gerechet vnd angeschlagen: such in meiner histori von bischofen. Ebendaselbst I Fol. 398
unter dem Worte Hespurg begegnet uns die Verweisung: dauon suche in der bischofs
chronicken. Ebendaselbt heisst es unter dem Worte Hirshorn unter anderem: dauon ist
in der histori oder leben bischof Johannsen nach der lange geschribn, welche Stelle er
ursprünglich so gefasst hatte: dauon ist in meiner histori im leben u. s. w.

In einem dieser hohen Registrator vorgebundenen Verzeichnisse der in der fürstbischöflich
wirzburgischen Kanzlei vorhandenen Copial- Gerichts- und anderer Geschäftsbücher von der
Hand seines Freundes und Amtsgenossen Johann Schützler von Sulzfeld am Main ist unter
dem Schlagworte Bischofe zu Wirtzburg, worüber ist geschriben „Chronica" geschrieben
ist, folgendes angegeben: Von der bischofe zu Wirtzburg leben, das ist wie vil der gewesen, wie die gehaissen, wie lang vnd welcher gestalt die regirt, wan sie abgangen, ist
ein aigen buch gemacht. Das ist zwei mal abgeschriben, eins dem fursten selbs, das ander
einem erwirdigen domcapitel zuhanden gestelt worden. Hiezu ist von späterer Hand,
aber noch des 16. Jahrhunderts, beigefügt: Dortzue ist noch eins jn britter mit halb
vbertzognem weissem leder jm schrank Philipsen Büttners schrifften.

1) Dr. Ruland in seinem Aufsatze über „das Epitaphium des Geschichtschreibers von dem
Bischofthum Wirzburg" im Archive des historischen Vereines von Unterfranken und
Aschaffenburg XIII S. 300.

dem Sebastian Münster für dessen bekannte Kosmographie [1] übersendete.
Auch nicht von seinem Abenteuerbuche. [2] Gleichfalls nicht von seiner
Abhandlung über Art Eigenschaft und Gebrauch der hohen deutschen
Zunge. [3] Eben so wenig von einer genealogischen Arbeit über Karl den
Grossen. [4] Wir wollen an dieser Stelle auch nicht ausführlich von
seinem grossartigen alphabetisch angelegten Hand- und Hilfsbuche über
das fürstbischöflich wirzburgische Archiv, dessen trefflicher Vorstand er
geraume Zeit hindurch gewesen, von seiner sogenannten „hohen Registratur" handeln, einer Schöpfung die nicht etwa blos ein dürres Archiv-
repertorium ist, sondern eine fränkisch-wirzburgische Realencyclopaedie
im besten Sinne des Wortes, ein Werk wie in dieser Auffassung um die Mitte
des sechzehnten Jahrhunderts wie auch später wohl ausser im wirzburgischen
in keinem Archive der Welt eines bearbeitet worden. Eben so wenig von
anderen für die Geschichte des Hochstiftes Wirzburg und Herzogthums
Franken im allgemeinen wie im besonderen wichtigen Schriften. Nur auf
etwas möchten wir die Aufmerksamkeit lenken, auf diejenigen seiner
Arbeiten welche theils als besondere für sich bestehende
Werke theils da und dort in andere Schriften verwoben
uns unschätzbare Aufschlüsse zur fränkisch-wirzburgischen
Rechtsgeschichte und insbesondere zum fränkisch-wirzburgischen Rechts- und Gerichtswesen älterer wie namentlich seiner Zeit selbst gewähren.

Mehrfach genannt ist daraus — abgesehen von seinem Zentbuche,
jener trefflichen Grundlage für spätere derartige Arbeiten — seine Abhandlung über das Herzogthum Franken und das kaiserliche Landgericht desselben.

Wir können an diese vorzugsweise geschichtliche Arbeit eine an-
reihen welche von höchstem praktischen Einflusse auf das fränkisch-

1) Man werfe beispielsweise zur vergleichenden Beurtheilung gegenüber der noch in den
   deutschen basler Ausgaben von 1644 S. 465 und von 1546 S. 533 so kurzen Abfertigung
   Wirzburgs einen Blick in die deutsche basler Ausgabe von 1550 S. 798 — 811.
2) Wir verweisen hierüber der Kürze wegen auf die Schrift von Heffner und Dr. Reuss:
   Lorenz Fries der Geschichtschreiber Ostfrankens S. 31 unter Ziff. 5.
3) Ebendort S. 30 unter Ziff. 2.
4) Ebendort S. 30 und 31 unter Ziff. 3.

wirzburgische Rechtswesen war und ihm ein bleibendes Verdienst für
die fränkisch-wirzburgische Gesetzgebung namentlich auf dem Gebiete
des Landrechts verschafft hat, nämlich seine Zusammenstellung
der fränkischen Landesgebräuche.

Ist diese letztere durch den Druck zugänglich geworden, ist die
Schrift über das Herzogthum Franken und dessen kaiserliches Landgericht wenigstens dem Namen nach bekannt, so dürfte eine ungemein
interessante Zusammenstellung über die weltlichen wie geistlichen Gerichte des Hochstiftes und der Stadt Wirzburg
(wie des Herzogthums Franken) als in weiteren Kreisen noch
unbekannt gelten.

Diese geistigen Erzeugnisse des Lorenz Fries wovon die Rede gewesen, sowie andere wovon seinerzeit noch die Rede sein wird fussten
aber auf verschiedenen anderen Schriften wozu ihm seine archivalischen und seine geschichtlichen Studien Veranlassung
geboten, Schriften grösseren wie kleineren Umfanges, Schriften welche
leider mehr oder minder verloren sind.

In einen Theil von ihnen wie in ihre Quellen gewährte uns ein
unfreiwilliger Aufenthalt in der Hauptstadt des ehemaligen Hochstifts
Wirzburg und Herzogthums Franken, wohin wir gegen Ende des Jahres
1869 zur Verwesung der Vorstandsstelle am dortigen Kreisarchive ab-
geordnet worden sind, uns also in amtlicher Eigenschaft mit dessen
Beständen vertraut zu machen Gelegenheit hatten, sattsame Einsicht.
So unwürdig wir uns auch fühlen mussten und fühlen müssen, eine
Spanne Zeit hindurch an dem Archive zu wirken berufen gewesen zu sein,
in welchem vor mehr als drei Jahrhunderten unser Lorenz Fries seine
vieljährige segensreiche Thätigkeit entfaltet, eine Spanne Zeit hindurch
in welcher uns leider die verschiedenartigsten amtlichen Verhältnisse
nicht gegönnt haben wissenschaftlichem Treiben zu leben, immerhin
dürfen wir es wohl als die Erfüllung einer angenehmen Pflicht erachten,
wenigstens zu seiner Würdigung in den angedeuteten Gesichtspunkten [1])

---

1) Vielleicht auch nach anderen Seiten hin, indem sich aus der folgenden Untersuchung so
manches ergeben dürfte was theils als Berichtigung theils als nicht unwesentliche Er-

möglicher Weise mehr als zur Zeit irgend ein anderer ein Schärflein
beitragen zu können.

Nämlich nur wer Gelegenheit gehabt einen Blick in die Hauptwerkstätte desselben zu thun, kann einerseits über die Quellen welche
ihm zu Gebot standen wie anderntheils über die nahezu unbegreifliche
Riesenthätigkeit welche er an sie gewendet ein begründetes Urtheil
abgeben. Wo war denn eben diese eigentliche Werkstätte? Im Archive
des Fürstbisthums Wirzburg und Herzogthums Franken,
sowie in dessen Kanzlei. War im ersteren auf dem so reizend
über der Hauptstadt des Landes gelagerten Marienberge, der vielhundert-
jährigen Residenz der wirzburger Fürstbischöfe, die reiche Menge der
Urkunden in sicherem Gewölbe hinterlegt, so befanden sich in der
Kanzlei herunten die nicht minder unschätzbaren Concept- Copial
Gerichts- Sal- Lehen- und verschiedenen sonstigen zum alltäglichen
Gebrauche dienenden Geschäftsbücher. All dieser kostbare Stoff bietet,
wie jedes Blatt seiner Schriften die Nachweise über die Quellen liefert
aus welchen er geschöpft, die deutlich sprechenden Belege für seine
amtliche wie nicht minder für seine wissenschaftliche Thätigkeit. Hunderte
und aber Hunderte von Urkunden sind von seiner Hand mit den betreffenden Ueberschriften versehen, und in den verschiedenen Codices
finden sich allenthalben Ueberschriften zu den einzelnen Producten,
finden sich Rand- und andere Bemerkungen, finden sich Inhaltsver-
zeichnisse von seiner Hand.

Ist es nun einmal schon von Interesse, behufs der richtigen Be-

---

ginnung der S. 151 in Note 2 angeführten anerkennenswerthen Schrift von Heffner und
Dr. Reuss dienen mag.

    Wenn wir beispielsweise der in ihr § 28 unter III erwähnten Historia episcopatuum
Germaniae unsern Lorenz Fries als Verfasser entziehen, indem dieser Johann Bockenrode
aus Worms ist, wird sich dem gegenüber das Verzeichniss wichtiger Schriften unseres
Magister um ein nicht unbedeutendes Mass vergrössern.

    Was eben die Historia episcopatuum Germaniae betrifft, folgt in dem in der Note auf
S. 150 im zweiten Absatze bemerkten Verzeichnisse Schätzlers unmittelbar nach der unter
„Bischofe zu Wirtsburg" aufgeführten wirzburger Chronik des Lorenz Fries unter dem
Schlagworte „Bischofe auswendig" die Nachricht: die bischofe etlicher stifte in deutschen
landen mit namen vnd zunamen, auch wie lang ein ieder regirt hat, durch Johansen
Bockenrod von Worms vleissig in ein buch zu samen geschrieben, bei andern canzlei
buchern.

urtheilung der Werke unseres Magister diese Quellen genauer kennen
zu lernen, so dürfte man wohl auf der anderen Seite es auch dem
Archivar zu Guten halten wenn er hieran nicht mit gleichgiltigem Auge
vorübereilt. Sehen wir uns daher, wenn auch nur einen Augenblick,
in der Hauptwerkstätte des Lorenz Fries um!

Bezüglich des Archives auf dem Marienberge beschränken
wir uns einfach nur auf das fünfzehnte und sechzehnte Jahrhundert.

Aus dem ersteren erübrigt uns ein Verzeichniss all der Privilegien
und anderen Urkunden welche daselbst im Jahre 1407 unter Fürstbischof Johann aus dem Geschlechte von Brunn visa registrata et in
locellis seu scriniis suis specialibus ad hoc deputatis et per literas
alphabeti signatis sunt recondita.¹)

Etwas über ein Jahrhundert später, im Jahre 1529, liess Fürstbischof Konrad II aus dem Geschlechte von Thüngen „alle vnd iede
brife vnd schriften die vf vnser frawen berg in einem sondern dartzu
geordenten gewelbe vleissig ersuchen, vnd welche hieuor nit abgeschriben
waren die selben in ein sunder buch²) abcopiren.“

Dieses Gewölbe selbst „mit zweien lichten“ befand sich in dem
starken gegen Mittag gelegenen an den Fürstenbau anstossenden Thurme,
den seinerzeit die Bürger von Wirzburg kraft eines Vertrages mit ihrem

---

1) Es ist dieses Verzeichniss an den Schluss des sogenannten Liber albus privilegiorum gebunden, und umfasst darin von den betreffenden 29 Pergamentfolien der Scrineus signatus
litera A die Folien 1 — 4', die Capsella signata ad literam B die Folien 5' — 8', die Capsella
signata capite ursino mit der Aufzählung „priuilegiorum reuerendum in Christo patrem et
dominum dominum Johannem episcopum et ecclesiam herbipolensem specialiter concer-
nencium" die Folien 9' — 10, die Capsella signata litera C die Folien 11 — 13, die Capsella
signata litera D die Folien 13' — 15', die Capsella signata litera E die Folien 16' — 19',
die Capsella litera F signata die Folien 20' — 23, die Capsella cum litera G signata die
Folien 23' — 25, die Capsella litera H signata die Folien 25' — 28, die Capsella signata
litera K die Folien 28' — 29'.
    Auch findet sich dieses Verzeichniss, eben ex albo corio privilegiorum tecto libro
membranaceo in fine abgeschrieben, in den zweiten Band der sogenannten hohen Registratur
eingebunden, wovon S. 60 — 71 den Schrein A, S. 74 — 83 den Schrein B, S. 86 — 96 den
Schrein C, S. 98 — 103 den Schrein D, S. 108 — 116 den Schrein E, S. 118 — 124 den
Schrein F, S. 128 — 132 den Schrein G, S. 134 — 140 den Schrein H, S. 142 — 146 den
Schrein K umfassen.
2) Vgl. hierüber was S. 160, 161 gegen den Schluss der Note vom Liber omissorum beziehungsweise
von den Libri omissorum bemerkt ist.

Landesherren von Grund aus hatten erbauen müssen, und welcher früher
Randersacker [1]) geheissen, später aber nach einem Domherrn welchen Fürstbischof Johann aus dem Geschlechte von Brunn eine gute Weile hindurch
darin gefangen gehalten den Namen Schodersthurm [2]) erhalten hatte.
Mit dem Inhalte des Archives selbst macht uns Lorenz Fries in
einer „Vertzaichung der schrein behälter vnd laden so vf Vnnserfrawen-
berg in dem thurn stehn, darin des stiffts Wirtzburg freyhait kauff
verträge lehenmachung vnd andere brief behalten werden" folgendermassen [3]) bekannt:

In dem gewelbe des gedachten thurns stehn funff vnterschiedliche
schreyne oder behältere mit schubladen. darin ligen des stiffts Wirtzburg vnd herzogthumb zu Franken regaliu, freyhait, kauffbrief, verträge,
quietantien, registere, lehenmachung, lehenreuers, dienerbrief, uinigung,
huldung, vnd anndere, souil derselben in aines bischofs handen sein. die
vberigenn ligen hinter ainem erwirdigen capitel zum dom.

Der erst stet zur linken hande wan man hinein
geht, vnd hat xxxiij laden in viiij zeilen. vnd nach dem
am maisten des stiffts priuilegi vnd freyhait darin be-   } priuilegioruin
halten ligen, wurt er der priuilegi oder freyhait schrein
gehaissen.

Der ander schrein stet furter gegen der stat werts,
ist gebrochen, vnd hat xxvij laden in neun zeilen, in
ieder zeil trey laden. jn den obern siben zeilen ligen
eitel quietantien, iede vnter irem buchstaben nach dem   } quietantiarum.
A B C, dauon dan der schrein sein namen hat.

Aber in den letzten zwoen zeilen ligen andere briefe,
wie dieselbigen aussen vf den laden vertzaichet stehn.

1) Im Lehenbuche des Fürstbischofes Gerhart aus dem Geschlechte von Schwartzburg findet
sich Fol. 60' Sp. 2 am Schlusse die Aufzeichnung, dass in vigilia Matthaei des Jahres 1391
Fries Jagir recepit in pheodum achte pfand hellir jerlich von dem turne vff vnser frawen
berge, den man nennet Randessokir, vnde liet bie der kuchen, vnde stent mins herren von
Wirczborg wapen an.
2) Vgl. den Eingang der nicht foliirten nach Lorenz Fries bearbeiteten kurzen Archivbeschreibung von der Hand des Johann Sebäteler, welche mit des letzteren alphabetischer
Verzeichnung der Archivalbände der wirzburgischen Kanzlei zwischen das Inhaltsverzeichniss
und den Text des ersten Bandes der sogenannten hohen Registratur gebunden ist.
3) Im Liber VI contractuum Rudolfi zwischen dessen Inhaltsverzeichniss.

Der trit steht herumb vf der rechten seyten gegen
dem Gleeberg zu, hat xxvij laden in vij zeilen. die
obern laden sein mit dem ABC vertzaichet. darin ligen
die briefe vber des stiffts aigenthumb. vnd man findt
in ieder laden ain sondere vertzaichnus abermals nach
dem ABC was darin ligt. jn den vntern laden ligen
andere brief, wie die aeuser vberschrifft ausweyst.

} proprietatis.

    · Oben vf disem schreyne stehn zwo vberschribene laden. darin ligen
alte erloste verschreybung.

    Hinter dem itzgenanten schrein proprietatis in der
ecken stet ain clainer behalter mit funff aintzeligen
laden. darin ligen alle des stiffts lehenmachung vnd
lehenreuers nach den buchstaben des ABC, ausgenomen
die jhenigen so bay zeiten itzregirenden vnsers gnedigen
herrn gefallen sein: die ligen in der andern laden vnd
achten zeil des quietantien schreins. es ist auch in den
obgedachten reuersen ain zetel, darin die jhenigen von
denen die reuers herkomen mit namen vnd zunamen
vertzaichet stehn.

} lehenreuers.

    Der funfft schrein stet zur rechten hand wan man
hinein get, vnd hat xxvij laden in vij zeilen. jn den
obern laden mit dem ABC betzaichet ligen eitel verträg
vnd dergleichen briefe, vnnd in ieder laden ain sonder
zetel daran die brief derselben laden vertzaichet stehn.
aber in den vntern laden ligen andere brief nach antzaigung der auswendigen vberschrifft.

} contractuum.

    Oben vf disem schrein stehn trey laden, die ersten zwo mit alten
vrphedenn, die trit mit alten vffschreybbrieuen der lehen.

    Auch ist uns von Lorenz Fries „ain gemain register vber die
obgemelten schreine mit anzaig der laden vnnd zeil nach dem ABC"
erhalten, woraus wir nur beispielsweise folgende Gegenstände anführen
wollen:

Derogatoria frembder gericht. priuileg. lad. 3 zeil 2.

Freihait { fur fremde gericht. lad. 3 zeil 5 } in priuilegiorum scrinio.
        { landgerichts. lad. 4 zeil 1 }

Gerichtsfreyung. priuileg. lad. 3 zeil 2.

Landgerichtsfreyhait. priuileg. lad. 4 zeil 1.

Richtung zwischen bischof capitel vnd stat. contractuum lad. 5 zeil 6, et quietantiarum lad. 1 zeil 8.

Wirtzburg der stat freyhait. priuileg. lad. 2 zeil 8.

Zent des stiffts Wirtsburg. priuileg. lad. 2 zeil 2.

Zentreuers. ibidem.

Diesem „zu Hof" oder „zu Hof im Thurme" bezeichneten Archive [1]) oder wie wir jetzt vielleicht uns ausdrücken würden Urkundenarchive, sowie demjenigen Urkundenschatze gegenüber welcher nicht „bei eines vorstehenden Fursten handen erlegt" war sondern „hinter dem Capitel zum dom" lag, verwahrte die Kanzlei, deren neuen Bau „in der Stadt Wirzburg bei und an dem bischöflichen Saale" der Fürst Lorenz aus dem Geschlechte von Bibra im zweiten Jahrzehnte des 16. Jahrhunderts [2]) vorgenommen, die Akten und insbesondere die so wichtigen Copial- Gerichts- und verschiedenartigen sonstigen Geschäftsbücher.

---

1) Bezüglich einiger Originalien im Betreffe des schwäbischen Bundes begegnet beispielsweise die Anführung: ligen zu Hof im schrein priuilegiorum in der dritten laden der nibenden zeil. Ein anderes Mal lesen wir, dass die Steuers vß ablöeung zu Hof im thurn erhalten jm schrein proprietatis sub ladula 2 der 7 zeil.

2) In der hohen Registratur I Fol. 367' bemerkt Lorenz Fries: Als bischof Lorents die newen cantzlei in der stat Wirtzburg bei vnd an dem bischofflichen saale zubawen furgenomen, hat er etliche krasms vnd krasmladen dartzn gekaufft. die ligen zu hof sub litera G proprietatis, vnd sein registrirt zu hof vf der camern.

Näheres hierüber enthalten die Stellen ebendort I Fol. 239, 289', 326', unter den Schlagworten Gredten, Haug, Johanniter:

Gradten der spacirblatz vor dem dom, im latein gradus von den stainin trepen, zu deutsch gredten genant. daruf hat bischof Lorentz etliche leden erkanfft, vnd daselbst hin ain newe cantzlei gebawet.

Das Johanneserhaus zu Wirtzburg hat vf ainem häuslin vnten an der greden jerlich vii¹/₂ dl. zins vnd die lebenschafft gehabt. aber bischof Lorenz dasselbig heuslin abbrechen vnd den platz zu dem baw der newen cantzlei gezogen, doch dem Johanneserhaus dargegen zwen morgen weingarten in der Dotengab gelegen, die jherlich auch vii¹/₂ dl. zins geben mit der lebenschafft zugestellt. actum am montag nach Martinj anno 1515.

Ain kramlade vf der greden sinste der custorei zu Haug jerlich xij dl. als aber bischof Lorentz die new cantzlei anfing zubawen, zoge er solchen laden darein, vnd gab der custorei andere xij dl. zins vf ainem morgen weingarten zu Haug. actum montags nach Vraule anno 1518.

Vf der anderen seiten der gredten vnter der landgerichtsstuben hat bischof Conrad von Thungen ain behausung vnd vier cromläden von weilund Johann Persi apotockers verlasen witwe erben vmb v° fl erkaufft dinstag nach exaudj anno 1536.

Noch ist ein entweder von Lorenz Fries selbst entworfenes oder jedenfalls unter seiner Leitung und Aufsicht gefertigtes und noch bei seinen
Lebzeiten zusammengeschriebenes Verzeichniss oder wie es sich selbst
nennt „Zal vnd meldung aller vnd ieder des stifts Wirtzburgs sal-
lehen- contract- freihaiten- quietantzien- vnd anderer buchere souil der
selben von alter here bis vf dise zeit vnd stunde in der wirtzburgischen
furstlichen cantzlei gemacht vnd vorhanden sein nach ordnung des A B C“
von der Hand seines Freundes Amtsgenossen und wenn man will Nach-
folgers Johann Schätzler von Sulzfeld am Main [1] vorhanden, welches
uns des näheren hierüber belehrt, des Johann Schätzler, welcher bei
der Publication der Kanzleiordnung des Fürstbischofes Melchior aus dem
Geschlechte von Zobel vom vierten Osterfeiertage des Jahres 1551 [2])
als Botenmeister zugegen gewesen, und von welchem weiter die Kanzleiordnung des Fürstbischofes Friedrich aus dem Geschlechte von Wirs-
berg vom 16. Juni 1559 [3]) rühmend bemerkt: dieweil an der continuation
desz Friesen registratur zum hochsten gelegen, vnd dann dieselben
durch niemandt anderm alsz den Schetzler alten pottenmaister fuglicher
verricht werden mage, so soll er furter gestracks aller ander ampter
erlassenn vnd zu diser obristen registratur vnd vollendung der werckh
die Friesz vnuolpracht hinterlaszenn gepraucht werdenn.

Es ist hierorts nicht unsere Aufgabe, dieses ganze Verzeichniss mit-

---

1) Dass es von Lorenz Fries entworfen oder jedenfalls unter seiner Leitung und Aufsicht gefertigt worden, schliessen wir wohl nicht mit Unrecht daraus, dass es sich neben seiner
eben berührten kurzen Archivbeschreibung, welche auch von Schätzler unmittelbar vor
dem in Frage stehenden alphabetischen Verzeichnisse der Archivallände der wirzburgischen
Kanzlei abgeschrieben ist, gewissermassen als Einleitung und als allgemeine Erläuterung
der später in der sogenannten hohen Registratur, an deren Spitze es steht, allenthalben
vorkommenden Abkürzungen darstellt. Begegnet uns doch eine ganz entschiedene Verweisung auf diese und ihren umfassenden Artikel „Gericht“ in folgender Aufzeichnung
unter dem Buchstaben R: Reformation der gaistlichen gericht hie so Wirtsburg durch
die gewesene hern furgenomen vnd vfgericht. desgleichen von reformirung des landgerichts
zentgerichts etc. dauon such hernach im wort „Gericht“ vnd wa es dich weiter hin
weisen wurt.

Dass unsere Zusammenstellung selbst in ihrem jetzigen Zustande noch zu Lebzeiten des
Lorenz Fries fertig gewesen, entnehmen wir daraus, dass er bei dem Worte „Consiliorum
buch“ die Bemerkung hinzusetzt: Ich hab aber dis buch nit gesehen.

2) Im Liber II diversarum formarum Conradi (von Thüngen) Fol. 277 — 284'.

3) Im Liber diversarum formarum desselben Fol 14' — 20'.

zutheilen. Insoferne aber die mit der Rechtsgeschichte und insbesondere mit dem Gerichtswesen in einigem näheren Zusammenhange stehenden Gegenstände einmal Interesse bieten, und auf der anderen Seite ihre Kenntniss wegen des Verständnisses der Nachweise welche Lorenz Fries an den verschiedensten Stellen seiner dahin einschlagenden Schriften in reichem Masse gibt durchaus erforderlich ist, müssen wir wenigstens einiges daraus bemerken.

Was zunächst einzelne rechtliche und gesetzliche Bestimmungen betrifft, war beispielsweise die Herbsteinigung im Bürgerbuche [1] eingetragen, während sich im Oberrathsbuche [2]) verschiedene andere Verordnungen über Gewerbs- und sonst polizeiliche Gegenstände verzeichnet finden.

Abgesehen hievon aber ist eine grosse Menge wichtiger in die Rechts- und Gerichtsverhältnisse des Hochstiftes Wirzburg und Herzogthums Franken eingreifender Bestimmungen und Gesetze in grösseren wie kleineren Sammlungen von je zusammengehörenden Bänden eingetragen worden. Es fallen dahin die Libri privilegiorum, die Libri contractuum, die Libri divorsarum formarum, die Libri omissorum, Gruppen welche damals bereits in je mehr oder weniger Bänden [3]) vertreten waren.

---

1) Ein dick buch mit britteren gebunden vnd schwartzem leder vberzogen. stet in dem cantzlei stüblein. darin erstlich die herbst ainigung. volgende aller der ihenigen namen vnd zunamen vertzaichet die zeither bischofen Lorentzen regirung das burgerrecht in der stat Wirtzburg angenomen vnd derwegen erbhaldung thun haben, sambt vermeldung der burgermeistere vnd rathherrn namen die von dem 1525 iar here gewesen sein.

2) Darin stehen die ordnung vnd satze aller vnd ieder gewerbe handwercker vnd anderer einwonere zu Wirtzburg zu erhaltung vnd handhabung gutter pollicei gemacht: ist in weissem leder gantz nev vbertzogen.
In ihm findet sich auch Fol. 47—50' der für die nähere Kenntniss über den Oberrath selbst hochst interessante Unterricht über die Geschäfte des Oberrathschreibers, am 6. November 1474 von dem Oberrathsschreiber und Bürger Johann Stange gefertigt, und wohl von ihm selbst geschrieben.

3) Wir begnügen uns hier mit den nachfolgenden Auszügen:
Priuilegiorum oder freihait buochere. der sein drei bei der cantzlei. eines mit weissem leder vbertzogen ist das cleinest vnd vf perment geschriben. das ander mit rotem leder vbertzogen vnd auch [vf] perment geschriben hat etwan mer freihait in sich begriffen dan das erst. das drit ist ein gros papiren buch mit weissem leder gar vbertzogen. darin stehen registrirt alle vnd iede freihaiten begnadung donation vnd andere priuilegia so dem

Gehen wir insbesondere auf die Bände über welche das fränkisch-wirzburgische Gerichtswesen betreffen, so finden wir vor allem die ver-

stift Wirtzburg durch die gewesene bapste kaisere vnd konige vber des gemelten stifts vnd seines incorporirten hertzogthumbs landgericht regalia herligkait obrigkait gerichte zent zolle vnd andere recht vnd gerechtigkait gegeben worden.

Zu dem letzten ist von anderer Hand bemerkt: wurd genant: priuilegiorum maior oder Laurentij.

Hinsichtlich der Libri contractuum heisst es:

Die buchere darin des stifts Wirtzburg kauf abwechslung vnd andere vertrege registrirt sein hat man libros contractuum geuennet, vnd mit den selben zu registriren erst bei bischof Johannsen von Eglofstein zeitten angefangen, dan man daruor kein contract buch findet, vnd die bei allen volgenden hern continuirt wie hernach vertzaichet stet:

Bischof	Johanns von Eglofstein hat ain Johanns von Brun hat ain Gotfrid von Limpurg hat ain Johans von Grumbach sein im ersten bischof Rudolfen contract buch registrirt. Rudolf von Schernberg hat funf Lorentz von Bibra hat zway Conrad von Thungen hat zway Conrad von Bibra vertrege sein im andern contract buch bischof Conraden von Thungen registrirt. Fridrich von Wirsberg hat ein	contractbuch.

Den auch in der Folgezeit aufmerksam fortgesetzten Stand dieser Contractbücher wie der alsbald folgenden Libri diversarum formarum und der Libri omissorum weisen die von späterer Hand den hier aufgeführten einzelnen je beigesetzten Bemerkungen nach.

Was sogleich die Libri diversarum formarum anlangt, lesen wir:

Neben den vorgemelten contract- [schuld-] vnd andern buchern haben die alten hern auch buchere gehabt, darin sie allerlei anderer form brieue vfzaichen vnd schreiben lassen, vnd die selben darumb „diversarum formarum" gehaissen. vnd hat bischof Johans von Brun zum ersten damit angefangen vnd ein solch buch gemacht.

Bischof	Gotfrid von Limpurg hat auch eins. Johannsen von Grumbachs diuersarum formarum ist in das erst contractuum Rudolfi gebunden. Rudolfen von Schernberg diuersarum formarum stet im andern buch seiner contractuum. Lorentz von Bibra hat ain sunder diuersarum formarum. Conrad von Thungen hat zwei diuersarum formarum. in dem ersten sten seine briefe alleine. ja dem andern sein bischof Conraden von Bibra und bischof Melchior Zobel registrirt. Friderich von Wirsberg hat auch eins.

In Bezug endlich auf die Libri omissorum ist folgendes bemerkt:

Bischof Conrad von Thungen liesse anno 1529 alle vnd iede brife vnd schriften die vf vnser frawen berg in einem sondern dartzu geordneten gewelbe vleissig ersuchen, vnd welche hieuor nit abgeschriben waren die selben in ein sunder buch abcopiren, dem

schiedenen Gerichtsbücher und namentlich die auf das kaiserliche Landgericht des Herzogthums Franken sich beziehenden
Bände, die Malefizbücher, die Urfehdebücher, die Achtbücher,
das Zentbuch.

Von den Gorichtsbüchern im allgemeinen heisst es:

Gerichtsbücher vnd sachen vor	den rathen in der cantzley, dem hofgericht, dem lehengericht; dem kaiserl. kamergericht, den erlangten comissarien, [dem] landgericht.	die hat der gemein gericht-schreiber, itzunt Hans Jacob, [1]) vnter handen. die hat der furstlich sindi-cus, itzunt Georg Seuss [2]) vnter seinen handen.

Hinsichtlich der auf das kaiserliche Landgericht des Herzogthums
Franken insbesondere sich beziehenden Bände vernehmen wir kürzlich:
Landgerichtsbuchere darin die gerichtlichen handlungen so vor dem
landgericht geubt worden geschriben stehen ligen in dem vntern cantzlei
gewelb welchs der wirtzburgisch sindicus in verwaltung vnd sonderem
beuelch hat. [3])

Was die Malefizbücher anlangt, heisst es: deren sein zwai bei regirung bischof Conraden von Thungen angefangen, darin der ihenigen
namen nach ordnung des A. B. C. angetzaigt werden die verschulter
sache vnd verwurkung halber in gefengnus getzogen vnd gestraft werden.
vnd stehen in dem ersten alein die maleficia so sich in der stat Wirtzburg vnd irer mark zugetragen, in dem undern die muleficia so sich
ausserhalb Wirtzburg hin vnd wider im stift machen vnd begeben. vnd

---

selben buch ward der name „omissorum" gegeben ist dick, mit weissem leder halb vbertzogen, vnd gar vol geschriben. vnd wider ein newes gemacht, das ander buch omissorum genant.

1) Er erscheint bei der Publication von des Fürstbischofes Melchior von Zobel Kanzleiordnung
vom vierten Osterfeiertage des Jahres 1551 nach dem Botenmeister Johann Schützler noch
mit Johann Helffer.

2) Ihn treffen wir als Gebrechenschreiber und Syndicus bei der Publication von Fürstbischof
Friedrichs Kanzleiordnung vom 16. Juni 1559. Unter- oder Hofschultheiss zu Wirzburg
wurde er am Tage Cathedra Petri des Jahres 1564.

3) Hiezu ist von anderer ziemlich gleichzeitiger Hand beigesetzt: itzt Nicklas Muscaberger
camergerichtsschreiber in beuelch.

Er begegnet ons als „Cammergerichts sachen schreiber" bei der Publication von Fürstbischof Friedrichs Kanzleiordnung vom 16. Juni 1559.

3 *

wurt bei ieder persone in sonderhait angetzeigt was si verwurkt hab
vnd wie sie gestraft oder aus gelassen worden.

Bezüglich der Urfehdebücher wird bemerkt: die ihenigen so in
malefitz hendeln gegriffen oder sunst aus verdacht oder anslag zu verhaft
genomen, aber vf straf vertrege oder in andere wege wider ausz gelassen werden, die muszten gewonlich verburgte oder zum wenigsten
geschworne besigelte vrphede vber sich geben. solche vrphede sein in
zwei buchere registrirt. das erst ist bei bischof Lorentzen von Bibra
zeitten angefangen, vnd stet bei seinem achtbuch gebunden. das ander
bei bischof Conraden von Thungen, vnd ist ein sunder buch daruf
„vrphed" geschriben stet. das wert noch.

Was die Achtbücher betrifft, heisst os, dass darin dieihenigen so
vmb irer widersessigen vngehorsme willen durch die regirende fursten
in die acht gesprochen worden mit iren namen vnd zunamen vertzaichnet
stehen, auch vf wes anruffen solchs bescheen, vnd welchen aus inen
vf furbite vnd gemachten vertrag ir landrecht wider gegebon worden
ist. Was ihre Zahl anlangt, vernehmen wir näher darüber: Diser bucher
sein zwei. eins bei regirung bischof Lorentzen von Bibra vfgericht, in
brittere eingebunden, darbei auch die vrphede seiner zeit gegeben ver-
zeichet sein. das ander[1]) bei regirung bischof Conraden von Thungen
gemacht, vnd auch in brittere gebunden, dabei die glaite von ime gegeben geschriben sein. vnd erstreckt sich das selb achtbuch bis in
bischof Melchiors regirung.

Bezüglich des Zentbuches endlich erfahren wir nachstehendes: das
im stift Wirtzburg vnd hertzogthumb zu Francken niemant zent huben
noch den zentban verleihen solle dan ein bischof zu Wirtzburg als der
hertzog zu Francken, wie vil zent im stift sein, wie der blutban verlihen
werde, was fur zentordnung vnd reformation vorhanden, dauon ist ein
sunder buch gemacht.

Abgesehen hievon waren in gerichtlicher Beziehung auch noch von

---

1) Auf dieses bezieht sich auch folgender anderweiter Eintrag: Gevrtailte am bruckengericht
sind bei zeitten bischof Conraden von Thungen in sein achtbuch verzaichet, vnd gegen
denselben zu volstreckung der vrtail vnd einbringung des acht schatz ferner der gebure
gehandelt worden.

Wichtigkeit die Rathsbücher und die sogenannte tägliche Registratur. Hierüber lässt sich unser Verzeichniss folgendermassen vernehmen.

Aus den ambten vnd kellereien des stifts Wirtzburg, auch von anderen auswendigen frembden orten komen teglich vil clag supplication vnd andere schriften in die cantzlei fur die furstlichen rathe, darin die stifts verwanten etlicher sachen halben angetzogen, auch oftmals — sonderlich so es von nöten geacht — gegen dem clagenden wil gehoret vnd zum merern mal nach billigkait gutlich vertragen werden. [1] vnd wurd auch des gemelten stifts Wirtzburg ambtleuten, kellern, schulthaissen, vogten, zentgrafen, richtern, schopfen, rathen, forsteren, dorfmeistern vnd gemeinden in iren obligen vnd zweifelen vf ir ansuchen ieder zeit rath vnd entschaid mitgetheilt: vnd solchs alles mit seinem dato in sundere buchere ordenlich vertzaichet, welche der rathschreiber in seiner verwaltung ligen hat.

Unter dem Schlagworte „Registratur" sodann lesen wir: Kurtzlich hieoben ist angetzaigt, was fur schriften handlung vnd sachen teglich in die cantzlei fur die furstlichen rethe komen, vnd zum merern theil daselbst vertragen vnd abgefertigt werden, das ist durch muntlichen furtrag antwort vnd entschaide. daneben komen auch vil missiuen, supplication, vnd andere schriften fur si, vf welche man kein muntliche verhore noch tagleistung furnimbt, sonder allein schriftliche antwort gibt. die selben sachen vnd handlung, auch doruf geuolgte antwort vnd beschaid werden summarie auch in sondere bucher dar zu verordent eingeschriben vnd vertzaichet nach ordnung des A.B.C. der ansuchenden zunamen, tag vnd jarzale. vnd heist man solche buchere: registratur teglicher handlung. Hiernach heisst es noch: Des registrator ambt ist, solche briue vnd schriften an geburende ort aigenlich zuerlegen, damit er die selben zu ferner notturft geweislich wider finden vnd vfzulegen wisse.

Natürlich konnte es auch nicht fehlen, dass abgesehen von anderen Streitigkeiten zwischen dem Hochstifte Wirzburg beziehungsweise Herzogthum Franken und den benachbarten Territorien auch solche über die

---

1) Am Rande ist hierzu von späterer Hand bemerkt: Alles mundlicheun.

Competenz der betreffenden Gerichte wie überhaupt das Gerichtswesen
oft mehr als gut gewesen auftauchten. Die geschichtlich wie sonst
nicht minder wichtigen als auch interessanten Verhandlungen hierüber
sind in den sogenannten Gebrechenbüchern gesammelt, welche je
nach den einzelnen Ländern — wie beispielsweise Bamberg, Henneberg,
Sachsen, Wertheim und dergleichen — eingerichtet sind.

Was weiter das Hofgericht zu Rotweil anlagt, ist über dessen
Ordnung in aller Kürze bemerkt: Ordnung des rotweilischen hofgerichts
find man im buch darin die halsgerichtsordnung stehen.

Was diese selbst anlangt, äussert unser Verzeichniss: Bischof Georg
von Bamberg des geschlechts von Limpurg hat anno 1507 ein gemeine
Halsgerichtsordnung stellen machen trucken vnd allenthalben in
seinem stifte ausz geben vnd verkunden lassen. ligt in britters eingebunden in dem cleinen cantzlei stüble. Und unmittelbar darnach weiter:
So hat kaiser Carl der funft anno dominj 1532 mit rath vnd bewegung
der churfursten fursten vnd gemeiner stende ein halsordnung begriffen
vnd in einem offen truck im reich ausgehen lassen. disz buch in britter
eingebunden vnd halb mit weissem leder vbertzogen ligt in dem egemelten
cantzlei stublein. vnd ist die vorgedacht bambergisch halsgerichtsordnung
am ende auch darzu gebunden.

Gehen wir endlich noch zum kaiserlichen Kammergerichte
über, so begegnet uns folgende Bemerkung: In den reichsordnungen
vnd abschiden ist vnter anderm lautter versehen, wie die personen des
kayserlichen camergerichts vnd regiments ausz den zehen reichs kraissen
gewelt vnd presentirt werden sollen. vnd wiewol in dem franckischen
reichs kraisz die fursten Bamberg Wirtzburg Aistat vnd Brandenburg,
auch die grafen herrn vnd reichs stete darin gesessen vnd begriffen fur
kreis stende angetzogen werden, so ist doch die warhait, das so oft
es die notturft eruordert hat die gemelten vier fursten allein vnd aussor-
halb der berurten grauen herrn vnd stete die personen an das camer-
gericht gewelt vnd presentirt haben, wie dan in besetzung des gemelten
camergerichts vnd regiments bald nach dem reichstag anno 1521 zu
Worms gehalten auch bescheen. als aber kurtzlich darnach die selben
presentirte vnd angenomene personen abgingen, vnd man andere pre-
sentiren solte, wolte marggraue Casimir mit den geduchten dreien

geistlichen fursten allein mit mer welon, sunder die grauen hern vnd
stette darbei haben. wie sich nun die drei geistliche fursten des be-
schwert, derwegen an kayserliche majestat supplicirt, vnd was fur
beschaid doruf gefallen, auch wie es ferner gehandelt, ist in ain sundor
buch registrirt. das ligt sambt den originalien im cantzlei stüblein in
einer laden daran „presentation" geschriben.

Das also sind die Hauptquellen in der Werkstätte des Schaffens
für unseren Lorenz Fries unter drei Fürstbischöfen von Wirzburg. Hier
war er vergnügt in seinem Wirken, geschätzt und geehrt von diesen
Herren, des Dankes der Nachwelt eben so würdig als auch sicher, bis
ihn am 5. Dezember 1550 der Tod aus seiner gewohnten Thätigkeit
riss, und seine irdischen Ueberreste auf der südöstlichen Seite des
Kreuzganges im wirzburger Dome ihre Ruhestätte fanden. Er selbst
bemerkt bei Gelegenheit der Verzeichnung einer Schenkung welche ihm
Fürstbischof Konrad von Thüngen im Jahre 1525 machte[1]) in seiner
naiven und gemüthlichen Weise: Dieser L[orentz] F[ries] hat treien
fursten — nemlich bischof Conraten von Thungen, bischof C[onraten]
v[on] B[ibra], vnd bischof Melchior Zobeln — vil jare mit vleis getreu-
lich vnd vuderthaniglich gedienet, ist auch ser gnediglich von jnen
gehalten vnd begabt worden. Und ganz unmittelbar hienach wendet
er sich an das jüngere Archiv- beziehungsweise Kanzleipersonal mit der
väterlichen ihn selbst ehrenden und hebenden Ermuhnung: Darumb,
junger cantzlei schreiber, wilt du gefurdert werden, so sei fursichtig
vleissig willig vnd vnuertrossen, dan dem alten sprichwort nach stehn
vast ehrlich vnd getrewe dienere vnd gnedige heren wol bei ain ander.

Schon oben S. 152 haben wir bemerkt, dass verschiedene Schriften
welche — abgesehen von soiner Geschichte des Bauernaufstandes in
Franken im Jahre 1525, wie abgesehen von soiner Historie oder Chronik

des Hochstiftes Wirzburg und Herzogthums Franken — für die fränkisch-wirzburgische Rechtsgeschichte und insbesondere für das fränkisch-wirzburgische Gerichtswesen von Wichtigkeit sind den Studien ihre Veranlassung verdanken welche er in dieser Thätigkeit zu machen Gelegenheit und Lust hatte, Schriften grösseren wie kleineren Umfanges, Schriften welche leider theilweise verloren sind. Wir halten eine Aufzählung der mehr oder minder wichtigen um so eher nicht für überflüssig, als sie einmal ein helleres Licht als bisher über die eben so unermessliche als allseitige Thätigkeit des Lorenz Fries verbreiten, und auf der anderen Seite eben hiedurch eine umfassendere Würdigung desselben im einzelnen wie im ganzen ermöglichen.

An die Spitze lässt sich wohl seine grossartige Realencyclopädie über das Hochstift Wirzburg und Herzogthum Franken stellen, von welcher bereits oben S. 151 die Rede gewesen, und über welche noch weiter unten gehandelt werden muss.

Abgesehen hievon dürfen wir wohl eine geographisch-topographisch-statistische Arbeit über das Hochstift Wirzburg und Herzogthum Franken in einem Werke erkennen worüber sich in dem Schlagworte „Ambtbuch" in dem mehr erwähnten alphabetischen Verzeichnisse Schätzlers bemerkt findet, es sei ein ambtbuch [1]) da in welchem alle vnd iede ambte in sonderhait sambt iren zu- vnd eingeborigen dorfern weilern hefen vnd mulen ordenlich vertzaichent stehen: ist aber noch nit gar gefertiget. Dass dieses Werk von Lorenz Fries stammt, wird wohl keinem Zweifel unterliegen, indem wir hiezu von späterer Hand ausdrücklich beigeschrieben finden: Jst jn gelb pergamen gebunden. Friesen handschrifft. ligt jm langen schrenklein jm obern gewelb. Ganz ausdrücklich bemerkt auch Schätzler in einem der Landeshuldigungseinnahmebücher bei der Verzeichnung derjenigen, welche sich der Erbhuldigung an Fürstbischof Friedrich im Jahre 1558 widersetzt haben Fol. 127: so zaigt magister Lorentz Fries in seinem ambtbuch der stet

---

1) In welchem Verhältnisse hiezu das von Prof. Dr. Contzen in dem von ihm erstatteten Jahresberichte des histor. Vereines von Unterfranken und Aschaffenburg für 18⁵⁰/⁵¹ und 18⁵¹/⁵² bei Gelegenheit der von ihm beabsichtigten Herausgabe der „Geschichtsquellen des Bistums Wirzburg" S. 18 unter d aufgeführte statistische Werk „ampt, statt, dörffer des stifts Wirtzburg" von Lorenz Fries steht, wissen wir nicht.

vnd dorffer ane, das u. s. w. Sogleich auf Fol. 129 sodann hat er
eine Stelle aus demselben über das Dorf Obereisfeld aufgenommen.
Weiter äussert er auf Fol. 143': Magister Lorentz Friesen hat in seinem
ambtbuch gesagt, das si alle zu Geboltzhausen raisen.

Eine besondere Arbeit über die Stifter und Klöster des
Fürstbisthums Wirzburg wird von Ludewig und Crusius[1]) erwähnt.
Wir entnehmen selbe der eigenen Bemerkung des Lorenz Fries in der
sogenannten hohen Registratur I Fol. 81 unter dem Schlagworte (Kloster)
Camberg: dauon such in dem buch so von den closteren vnd stifften
im bistumb Wirtzburg geschriben worden ist, welche Stelle früher ge-
lautet: so ich von den closteren vnd stifften im bistumb Wirtzburg
geschriben habe.

Eine eigene Abhandlung über das Kloster Ebrach möchte
in der Stelle der sogenannten hohen Registratur I Fol. 137 angedeutet
sein: Ebrach das closter vff dem Staigerwald zu vnser lieben frawen
genant, wan das gestifft, wie es vfkomen, vnd welcher gestalt vnd massen
es ainem ieden bischofe zu Wirtzburg verwant vnd zugethan, dauon
ist ain sunder buch gemacht, bei der anderen ebrachischen hendel vnd
clage ligend.

Auch ein „Adelbuch" war von ihm vorhanden. Er erwähnt desselben in seiner Chronik oder Historie von Wirzburg[2]) selbst.

Aber nicht allein hierüber handelte er gesondert. Auch andere
wichtige Gegenstände erscheinen in eigenen Schriften. So alles was
auf Forst- und Wildbannverhältnisse Bezug hatte, weiter alles
was mit Raise und Folge u. s. f. in Zusammenhang stand.

Bezüglich des ersteren äussert er in der sogenannten hohen Registratur I Fol. 136 unter dem Schlagworte Eberer oder Eberner wald:
auch in dem buch von des stiffts Wirtzburg wiltpannen wälden vnd
forsten gemacht, welche Stelle er ursprünglich so geschrieben hatte:
in dem buch so ich von des stiffts Wirtzburg wiltpannen wälden vnd
forsten gemacht habe. Eben daselbst I Fol. 172' lesen wir: Von des

---

1) Vgl. über beide die oben S. 151 in Note 2 erwähnte Schrift von Heffner und Dr. Reuss
S. 33 mit den Noten 2 und 3.
2) Vgl ebendaselbst S. 31 unter Nr. 4.

stiffts Wirtzburg forsten forstern forstambten huben und rechten etc.
auch an seinem sunderen orte im wildbann. Weiter heisst es I Fol. 368
unter „Kramschnit oder Cramschatz" bezüglich der Streitigkeiten zwischen
dem Hochstifte und den mit dem Forstamte dortselbst belehnten Herren
von Grumbach: von dem allem, vnd wieuil der forstambt sind, vnd wa
die herraichen, auch wie zwischen baiden parteien verhöre vnd handlung
furgenomen, findestu sambt anderen berichten ordenlich geschriben in
ainem buch so uber des stiffts wälde vnd förste gemacht ist. Auch in
II Fol. 252 unter dem Schlagworte „Sultzforst" bemerkt Schätzler: wie
der an stift komen, vnd was recht vnd gerechtigknit der stift doran
hat, dauon such in seinem quintern „forst, weld, wildbann" etc. vnd
hat maister Lorentz Fries rath vnd secretari ein vertzaichnus vber das
forstrecht gemacht. leit in der laden „forst, weld, wildbann" im stuble
in der cantzlej. Ferner wird in III Fol. 82' noch von späterer Hand
bemerkt: etzlich quatern von Friesen ausgetzogen jn ein weiss pergament
eingehefft, darauff forst weldt wiltban, ein meldung aller des stiffts
wiltbün wie die selben beiagt vnd verliehen werden, ligt bei seiner
registratur jn der truehen.

Hinsichtlich des anderen der vorhin berührten Gegenstände heisst
es in der sogenannten hohen Registratur II Fol. 17 (oder Fol. 393 der
von I hinüber fortlaufenden Zählung) am Schlusse des Wortes Burck-
lehen: von solchen burgmenneren vnd burglehen, auch wieuil derselben
ain iedes haus gehabt, ist in dem buche von des stiffts raisen
froenen diensten etc. gemacht nach der lenge angezaigt. In I Fol. 93'
lesen wir: burgmennere vnd burggutere zu Carlburg, werö die vor
alter gewest vnd itzund sind etc. dauon auch im raisbuch. Eben daselbst I Fol. 292' lautet der Artikel „Hennenberg" ganz kurz: Von dem
herkomen der grauen vnd heren von Heunenberg, wie die etwan des
stiffts Wirtzburg oberste vögte vnd burgrauen zu Wirtzburg gewest,
vnd noch des gemelten stiffts Wirtzburg obererbmarschalck sein, wie die
ainen ietzutzeiten bischofe zu Wirtzburg als hertzogen zu Francken
alwegen fur iren landsfursten vnd heren erkent gehalten geehret vnd
ime gedienet haben, wan auch vnd welcher gestalt si furstmessig gemacht worden, gedenck ich, ob got will, an ainem anderen sunderen
orte — vnd nemlich in dem raisbuch — antzutzaigen, vnd dabei

etlicher alter grauen von Hennenberg namen sunderliche handlong vnd thaten an tag zugeben, wie du es dann nach der lenge daselbst finden wurdest. Ist schon hiernach nicht zu zweifeln dass wir es mit einer Schrift des Lorenz Fries zu thun haben, so gebt dieses noch vollends unzweideutig aus dem Artikel „Burggut, burckhut, burckmennere, vnd dergleichen" am angeführten Orte I Fol. 77 hervor, woselbst es heisst: dauon nach der lenge in dem buch von den zenten volgen vnd raisen etc. gemacht, welche Stelle er anfänglich so gefasst gehabt: in meinem buch von den zenten volgen vnd raisen etc. gemacht.

Auf solche Weise sind wir von selbst schon auf das Zentbuch geführt, und hiemit auf die eigentlich rechtsgeschichtlichen und namentlich das Gerichtswesen des Hochstiftes Wirzburg und Herzogthums Franken berührenden Schriften unseres Magister.

Schon oben S. 162 haben wir aus Schätzlers Verzeichniss der Archivalbände der fürstbischöflich wirzburgischen Kanzlei bezüglich des Zentbuches die Mittheilung aufgenommen: das im stift Wirtzburg vnd hertzogthumb zu Franken niemant zent haben noch den zentbau verleihen solle dan ein bischof zu Wirtzburg als der hertzog zu Franken, wie vil zent im stift sein, wie der blutban verlihen werde, was fur zentordnung vnd reformation vorhanden, dauon ist ein sunder buch gemacht. Am eben angeführten Orte findet sich auch unter dem Schlagworte „Glait vnd vergleitung" die Nachricht: Wa aus, wahin, vnd wie weit ein bischof zu Wirtzburg als der landsfurst zuuergleiten habe, dauon ist ein sondere verzaichnus gemacht: die stet am ende des gemainen zentbuchs. In der sogenannten hohen Registratur I Fol. 305 ist über „Hohenaich die zent" ganz kurz bemerkt: dauon such im zentbuch. Dass hierin eine Arbeit des Lorenz Fries zu erkennen sein wird, möchten wir darnach nicht bezweifeln dass er ebendort I Fol. 71' unter dem Schlagworte „Bruckengericht vnd bruckengerichtsschreiber" sagt: dauon such in dem buch von den zenten in sonderheit gemacht, welche Stelle ursprünglich lautete: in dem buch so ich von den zenten in sonderheit gemacht hab. Eben daselbst I Fol. 75' spricht er sich unter „Burckebrach" gleichfalls unumwunden dahin aus: von der zent daselbst such in meinem zentbuch. Auch eine Stelle unter dem Buch-

4 *

staben Z im Liber antiquus diversarum, welche bei Erwähnung der
Zentreformation des Fürstbischofes Gottfried vom Jahre 1447 neben den
bambergischen Gebrechenbüchern sich auf „Friesen Ausztzug vber die
zenten circa jnitium" beruft, mag hier in Betracht kommen, wobei nur
zweifelhaft bleibt, ob wir darin das bisher behandelte Werk oder etwa
noch einen besonderen von ihm daraus gemachten Auszug anzunehmen
haben. Weiter dürfte vielleicht noch angeführt werden, dass zu dem
Eintrage im Liber I diversarum formarum Laurentii Fol. 8 „von pein-
licher rechtuertigung vnd frago" Lorenz Fries an den Rand beigeschrieben
hat: Ordnung in peinlichen rechtuertigungen vnd fragen, wozu dann
seinerzeit von einer anderen späteren Hand angemerkt ist: vide zent
buch Frisei Fol. 45. Eine andere dergleichen Verweisung endlich treffen
wir auch im ersten Bande eines späteren alphabetischen Repertoriums
über die im wirzburger Archive über diose und jene Aemter vorhandenen
Originalurkunden beim Amte Aschach, woselbst zu einer aus der sogenannten hohen Registratur I Fol. 30' angezogenen Stelle ausdrücklich
bemerkt ist: Zentbuch Frisaei Fol. 62, welche Verweisung denn dann
auch wieder der betreffenden Stelle der hohen Registratur selbst beigesetzt ist.

Von besonderer Bedeutung sodann ist seine Arbeit über das
Herzogthum Franken und das kaiserliche Landgericht
desselben. An den verschiedensten Orten wird hievon gesprochen.
Aus der Chronik oder Historie von Wirzburg haben Heffner und Dr. Reuss
in ihrer mehr erwähnten Schrift über Lorenz Fries S. 29 und 30 unter
Ziffer 1 vier darauf bezügliche Stellen mitgetheilt. Wir wollen hier
eine Anzahl anderer aus der sogenannten hohen Registratur veröffent-
lichen. In I Fol. 296' lesen wir unter dem Schlagworte „Hertzogtumb
zu Francken" folgendes: Wie das an den stifft Wirtzburg komen, auch
von seinen rechten gerichten vnd gewonhaiten jst, ain sunder buch gemacht. In I Fol. 265 heisst es unter „Hall im Kochen" oder Schwäbisch-
hall bezüglich der Rechtfertigung von Bürgern und Hintersassen daselbst
im Landgerichte des Herzogthums zu Franken: dauon such hernach im
buch von dem landgericht gemacht. In I Fol. 309' ist unter „Hohenioh"
am Schlusse bemerkt: Wie Hohenlohe ain graue zum stifft Wirtzburg
gehörig sei, dauon such ferner im buchlein landgericht. In I Fol. 344

findet sich die Verweisung: Kampfrecht such im buch vom landgericht
des hertzogthumbs zu Franken. In II Fol. 5 (oder Fol. 380 der von
I hinüber durchlaufenden Zählung) wird berichtet: Wie den verurtailten
vnd geaechteten ir laudrecht genomen, si verwisen vnd verbnnt werden,
desgleichen so si sich vertragen wider aus dem ban vnd acht gethan
vnd in ir landrecht gesetzt werden, such im landgerichtsbuch. In II
Fol. 9' (beziehungsweise Fol. 384' der von I hinüber durchlaufenden
Zählung) erfahren wir unter dem Worte Landshuldung: wie den jhenen
so mit vrtail vnd recht in die acht gesprochen vnd ires landrechten
entsetzt vf vertrag wider landshuldung gegeben werde, dauon such im
landgerichtsbuch. In II Fol.. 116 beziehungsweise 499 heisst es unter
Neutzenheim bei Gelegenheit der Erwähnung dass das Hochstift in diesem
Dörflein nur einen Mann sitzen habe, während die anderen dem Ritter
Ludwig von Hutten zugestanden, dass aber doch der Fürstbischof von
Wirzburg ihr aller Landesfürst sei: dauon such im landgerichtsbuch.
In II auf S. 19 der zwischen Fol. 163 und 164 eingeschobenen Lagen
über die Privilegien bemerkt Schätzler bei Gelegenheit der Worte „Landgericht landrecht landsgewonhait" ganz kurz, dass Magister Lorenz
Fries darüber ein sonder buch angefangen zu schreiben. Weiter äussert
er in II Fol. 167 unter Radentzgay folgendes: von diser gegent ist in
des stifts cronica im leben bischof Leutrichs, bischoff Wolfgeren, vnd
bischof Arns nach der lenge antzaigung bescheen: dauon beschicht noch
bessere meldung in dem buch maister Lorentz Friesen secretari vber
das landgericht angefangen, welchs nach notturft ausgetzogen vnd beschriben. Lorenz Fries selbst lässt sich in I Fol. 2 am Schlusse des
Wortes Acht in nachstehender Weise vernehmen: Wie ain bischofe zu
Wirtzburg als der hertzog in Francken die geurtailten an des hertzogthumbs landgericht aigner person in die acht spricht, wie die geachten
wider absoluirt werden, wie auch nach der acht wa kain absolutien
volgt ferner procedirt werde, vnd dergleichen sachen vnd handlungen
findest da ordenlich in dem buch so vber das gemelt herzogthumb in
Francken vnd desselbigen landgericht gemacht worden ist. Anfänglich
hatte er diesen Schluss so gefasst gehabt: so ich vber das gemelt
hertzogthumb in Francken vnd desselbigen landgericht gemacht habe.
Ganz deutlich spricht er sich auch in I Fol. 238' unter dem Artikel

„Grauen freien vnd die riterschafft im stifft Wirtzburg" bezüglich der goldenen Bulle Kaiser Friedrichs I vom 10. Juli 1168 dahin aus: von disem priuileg vnd wie das furter von den nachuolgenden kaisern vnd kunigen bestetigt worden ist, dauon such in dem buch so ich in sunderhait von dem hertzogtumb Francken vnd seinem landgericht gemacht hab.

Noch können wir hier nicht schliessen ohne einer Arbeit desselben zu gedenken welche die weltlichen wie geistlichen Gerichte des Hochstiftes und der Stadt Wirzburg (wie des Herzogthums Franken) behandelt.

Endlich muss auch noch seines bekannten für die schriftliche Feststellung der fränkischen Landesgebräuche so wichtigen sogenannten Projektes Erwähnung geschehen, welches die Grundlage für die in dieser Beziehung erfolgten gesetzlichen Bestimmungen geworden, worüber insbesondere Schneidts Thesaurus juris franconici I S. 3 — 34, 94 — 105 — 192 verglichen werden mag.

Bei diesen verschiedenen Schriften ist neben der geschichtlichen eine gewisse zum Theile ganz vorzugsweise praktische auf die Bedürfnisse des Archives und der Kanzlei des Hochstiftes Wirzburg gerichtete Rücksichtnahme nicht zu verkennen welche zu ihrer. Anfertigung die Veranlassung gegeben, und welche auch auf ihre Geschicke wesentlichen Einfluss geübt hat. Wie sie lediglich aus amtlichen Quellen [1]) gezogen wurden, wovon wir einen namhaften Theil oben S. 154 — 165 näher bezeichnet haben, sollten sie auf der anderen Seite wenn auch nicht ausschliesslich so doch insbesondere wieder den Bedürfnissen des Amtes dienen.

---

1) Archiva — äussert sich auch Johann Georg v. Eckhart in der Vorrede zu seinen bekannten Commentarii de rebus Franciae orientalis et episcopatus wireburgensis — illi patebant non solum principale, sed et id quod est reverendissimi capituli cathedralis in quo antiquiora diplomata asservantur. Bibliotheca quoque ejusdem capituli usus est, et multa vidit quae jam frustra quaeras. Hinc sua excerpsit, et tanta erat ipsius diligentia ut ex diplomatibus et chartis veteribus in jura omnia et consuetudines hujus episcopatus inquireret, loca singula, urbes oppida, pagosque et fluvios, praeterea amnes, silvas, et quae circa singula notatu digna erant annotaret; nec praetermisit verba chartarum intellectu difficiliora; atque inde quoddam veluti inventarium aut si mavis dictionarium composuit, quod nondum editum crasso volumine continetur asservatur atque in rebus dubiis consulitur.

So ist es denn — was die Quellen anlangt — nicht übermässig
schwer, dieselben für so und so viele der berührten Schriften ganz
oder zum Theile aus den vorhin bemerkten Bändereihen wie anderen
Archivalien nachzuweisen. Wir werden wohl in keinem gefährlichen
Irrthume befangen sein, wenn wir uns das oben S. 166/167 erwähnte Amt-
buch zum grossen und vielleicht grössten Theile als aus den fast durch-
gehends höchst interessanten Landeshuldigungseinnahmebüchern entstan-
den vorstellen. Auch die Hauptquelle für die vorhin S. 168/169 bemerkte
Arbeit über Raise und Folge u. s. w. haben wir wohl nirgends anders
zu suchen als in zwei gleichfalls noch im Archive vorhandenen je
alphabetisch nach den einschlagenden Orten eingerichteten Foliobänden,
deren erster am Rücken die Aufschrift „Anlag atzung frohn raisz" hat,
während der zweite mit „Anlag erbhuldigung frohn raisz folge" überschrieben ist, deren einzelnen Produkten der weitaus überwiegenden
Mehrzahl nach von Lorenz Fries die Betreffe überschrieben sind, von
welchem sich auch beispielsweise Concepte von Schreiben an diese und
jene Aemter in den angegebenen Betreffen auf S. 404, 408, 414, 418,
420—422, 570 des zweiten Bandes aus den Jahren 1526, 1529, 1536,
1538 finden, wie weiter im Eingange desselben S. 1 folgende für dieses
ganze in früherer Zeit so ungemein wichtige Gebiet interessante Mittheilung von ihm steht:

Nachdem vff die anlag der gemainen thurckenhilff so vnser gnediger
furst vnd herr von Wirtzburg etc. vergangen tagen allenthalben in
seiner furstlichen gnaden stifft ausgeschriben von etlichen orten herein
bitzetel oder supplicationes seinen furstlichen gnaden vnd sunst in die cantzley
vbergeben, darin sich die vnterthanen der anlag — als solt die gegen
anderen iren nachbaren zurechen etwas vbermessig vff si geschlagen sein —
[beschweren], daruf die räthe die handlung solcher anlag für sich genomen zuberatschlagen vnd dahin zurichten das die ainem ieden gleich
vnd des andern halb souil moglich vnnachtailig sein mogt, vnnd demnach
die itzigen vnd vorige rais verzaichnus so kurtzuergungen jaren vff
hochgenanten vnsers gnedigen herrn begeren die amptleut herein geschickt
fur hand gezogen, die besichtigt, vnd befunden das die zum mererntail —
villeicht aus vngeschicklikait der amptleut — vnordenlich dunckel
vnd mangelhafftig vffgezaichet worden, dergleichen das es mit laistung

der rais in ainem ampt stat vnd flecken anders dan in den anderen bisher gehalten vnd gebraucht: nemlich haben etlicho orte leut geschickt die sich selbs verlegen müssen, vnd sind dieselben alwegen vber xiiij tage mit andern abgewechselt, etliche vnterhalten ire geschickten gar von der gemainde, etliche zum halbtail, und was si daruber bedorffen, müssen si — die geschickten — selbs darlegen vnd tragen: nu haben aber die räthe bedacht das das best sein solte, wa ain gleichmessiger anschlag allenthalben in den ampten bey der gaistlichen vnterthanen vnd den jhenigen die dem stifft zuraisen schuldig gemacht vnd dermasen vffgericht werden mogt, wa es zu schulden keme das man ainer antzal volcks notturfftig, die were klain oder grosz, das man die von stundan aines ieden flecken oder orte gelegenhait antzal vnd vermogen nach ausgetailt, vnd dieselben vnsers gnedigen herren oder soiner furstlichen gnaden nachkomen gefallen — wie sich dann die vnterthanen verschriben — an leut oder gelt ernorderen konte.

Dieweil aber solchs nit wol statlich beschehen mag, man hab dann zuuor lauter vnd gruntlich antzaigung, wieuil raispare persone in iedem ampt, wieuil der gaistlichen auch anderer vom adel vnd sunst verwante sind die zuraisen schuldig, wa die sitzen etc. haben die räthe — doch vff verbesserung vnsers gnedigen herren — fur not vnd gut angesehen das man iemant dartzu verstendig vnd geschickt allenthalben in die ampt vnd der gaistlichen flecken verordnet hette, solchs aigentlich gruntlich vnd vnterschiedlich zuerkundigen vnd mit vleysz vffzuschriben: daruber konte man alsdan sitzen, solchs notturfftig bewegen, vnd volgends ain entliche bestendige rais ordnung oder anschlag furnemon vfrichten vnd beschliessen.

Vnnd nachdem sich im jar vilmal von der volg fron atzung leger dienst vnd dergleichen wegen irrung zutrogen, derhalben in der cantzlei vmb beschaid angesucht, vnd — dieweil in solchem nit vill berichts in der cantzley ist — man darumb bey den amptleuten die dan vff den ampten vnbestendig sein ansuchen musz, so doch billicher, wa in solchem zweyuel zufiel, das man nit bey den amptleuten erfarung thun sonder die amptleut derwegen beschaid bey der cantzley, vnd also das wasser im brunen geholt wurde, konte solchs durch dise geschickte zum vleyssigsten vnd fuglichsten auch erforscht vnd vffgeschriben werden.

Was die Benützung des mehr bezeichneten archivalischen Stoffes
durch unseren Lorenz Fries anlangt, lässt sich nicht verkennen. dass
er im grossen Ganzen weniger nach den Originalurkunden ge-
arbeitet, welche er aber natürlich bei allen Fällen wo es ihm geeignet
schien beizog, als nach den grossen Sammlungen der Copial-
Gerichts- Leben- und anderen Geschäftsbücher[1]) welche
die wirzburgische Kanzlei verwahrte.

Ihr wuchs denn auf solche Weise selbst wieder ein trefflicher Zugang
in seinen Arbeiten[2]) an. Betrachtete er ja selber sie bereits als dahin
gehörige Bestandtheile, indem er hier und dort wie namentlich in der
sogenannten hohen Registratur an den verschiedensten Stellen von ihnen
als dortselbst befindlichen Hilfsmitteln[3]) spricht, ja theilweise sogar so
über sie handelt dass der Charakter der eigenen Arbeiten schon in den
Hintergrund getreten[4]) erscheint. Für sie ergab sich denn auch aus

---

1) Schon v. Eckhart hat a. a. O. in missfälliger Weise — wenn auch wohl etwas zu weit
gehend — berührt, dass er chartolariis solis confidens autographa quorum copia suppetit
non consuluerit. Hoc enim modo — knüpft er hieran — scribarum vitia saepius sua fecit,
et verbis instrumentorum non recte intellectis alium aliquoties sensum dedit.

2) Auch seine beiden Hauptgeschichtswerke befanden sich dort.
Bezüglich der Chronik haben wir schon S. 149/150 am Schlusse der Note die Bemerkung einer
Hand noch des sechzehnten Jahrhunderts zu Schätzlers alphabetischer Verzeichnung der
Archivalbände der wirzburger Kanzlei mitgetheilt, dass ein Exemplar derselben „in britter
mit halb vbertzognem weissem leder jm schrank Philipsen Rüttners schrifften" daselbst
gewesen.
Was die Geschichte des Bauernkrieges anlangt, wovon er selbst in der hohen Registratur
I Fol 148' unter dem Schlagworte „Entbörung oder vfrar" u. s. w. bemerkt: daaon hab
ich ain sonder buch gemacht darin alle ding ordenlich beschriben sein, äussert Schätzler
a. a. O. unter Baurenkrieg: welcher gestalt sich die vnterthanen im stift Wirtzburg, burgere
vnd bauren, anno 1525 wider ire pflicht huld vnd trew gegen irer obrigkait entboret, die
vbertzogen vergewaltigt vnd beschedigt haben, auch wie die selben zum teil erschlagen
vnd die vberigen wider zu gehorsame bracht gestraft vnd von newem sein verpflicht worden,
dauon ist ein sunder buch gemacht. Dass es einmal daselbst verschwunden gewesen, entnehmen wir einer Bemerkung späterer Hand am Rande, welche aber wieder durchstrichen
worden: diss buch ist aus dem gewelb kommen vnd verloren worden A° 1588 oder.

3) Wir verweisen beispielsweise auf das was oben S. 167 bei der Abhandlung über das Kloster
Ebrach, oder S. 167—169 bei den auf die Forst- und Wildbannverhältnisse sowie auf Haise
und Folge u. s. w. bezüglichen Schriften bemerkt wurden.

4) Hat er ja selbst an so und so vielen Stellen die ursprüngliche Fassung wonach er sich als
ihren Verfasser bezeichnet bereits in eine ganz allgemein gehaltene umgewandelt Es mag
beispielsweise nur verglichen werden was wir oben S. 167 bei der Arbeit über die Stifter und
Klöster des Fürsthisthums Wirzburg, oder S. 169/170 heim Zentbuche, oder S. 170—172 bei

diesen besonderen Verhältnissen die Folge, dass sie einer weiteren Verbreitung über den geschäftlichen Kreis hinaus, für welchen sie allerdings die trefflichsten Dienste leisteten und mitunter noch leisten, in der Regel wenigstens nicht theilhaft geworden sind, dass sie eben das wie es scheinen möchte unvermeidliche Los so und so vieler archivalischer Arbeiten — bescheidene Zurückgezogenheit und allmälige Vergessenheit oder gar der Untergang — getroffen hat, dass sie einer allgemeineren Anerkennung in der gelehrten Welt so zu sagen bis zu dieser Stunde sich nicht zu erfreuen gehabt.

Ob endlich auch überhaupt all die Schriften des Lorenz Fries wovon bisher die Rede gewesen zu ihrer vollständigen Ausarbeitung gelangt sind, das ist eine Frage welche bei dem Umstande dass von so manchen derselben im Augenblicke wenigstens nichts mehr vorhanden ist sehr schwer zu beantworten sein dürfte. Vielleicht liegt auch von so und so vielem was uns noch erübrigt dennoch nicht mehr als lediglich die erste Anlage vor. So findet sich beispielsweise im Archive noch zur Stunde ein nach den Concepten eben des Lorenz Fries von der Hand des bekannten Schätzler überschriebener Fascikel: Magister Lorentzen Friesen secretari auszug aus den cantzlei büchern

vber { forst weld wildban,
zent raisz volg erbhuldung,
glait [1]) strassen furt landwehr,
gulden clein vnd andere zoll,

wobei er noch bemerkt: solche puncten sein noch alle zu extrudirn. Das erste sind die Aufzeichnungen des Lorenz Fries unter „Wiltpann, forste" für das seinerzeit hiefür bestimmte Werk. Das zweite sind seine Excerpte unter „Zent rais volg" für die betreffende hierüber zu fertigende Arbeit. Das Wort „Erbhuldung" ist erst nachträglich bei-

---

der Abhandlung über das Herzogthum Franken und das kaiserliche Landgericht desselben angeführt haben.

1) In Schätzlers alphabetischer Verzeichnung der Archivalbände der hochstiftischen Kanzlei lesen wir unter dem Schlagworte Glait vnd vergleitung: Wa aus, wahin, vnd wie weit ein bischof zu Wirtzburg als der landsfurst zusamergleiten habe, davon ist ein sondere verzaichnus gemacht, die stet am ende des gemeinen zentbuchs, aber den besten vnd bestendigsten bericht find man zu Hofe in der cameren.

gesetzt, und entweder sollte sie erst dazu kommen oder ist sie jetzt nicht mehr vorhanden. Das dritte sind seine Auszüge unter „Glait" oder auch noch nach dem später gemachten Beisatze „Strassen, furt, landwehr" zu der hierüber beabsichtigten Ausarbeitung.

In Bezug auf das vierte endlich dürfen wir wohl eine in der hohen Registratur II in der zwischen den Fol. 163 und 164 beim Artikel „Privilegien" eingebundenen Folge von gegen dritthalbhundert eigens gezählten Seiten auf S. 23 befindliche Bemerkung Schätzlers hier anführen: Ochsenfurt gulden zols halben such in seinem — das heisst des Magister Lorenz Fries — buch Zol.

Mag dem sein wie ihm wolle, von den vorhin S. 170—172 an vorletzter und drittletzter Stelle aufgeführten für die fränkisch-wirzburgische Rechtsgeschichte und insbesondere das fränkisch-wirzburgische Gerichtswesen wichtigen Schriften unseres Lorenz Fries gedenken wir nunmehr besonders zu sprechen.

- - -

Die Abhandlung über das Herzogthum Franken und das kaiserliche Landgericht desselben ist dem Namen nach schon früher bekannt gewesen. Eigenthümlich aber bleibt es immerhin, dass sie mehr genannt als wirklich benützt worden ist. Ludewig äussert in der Vorrede zu seinen Geschichtschreibern von dem Bischofthum Wirzburg §. 9 unter III nach Anführung zweier auf die betreffende Schrift sich beziehender Stellen aus der Chronik oder Historie des Lorenz Fries S. 494 und 520 folgendes: In jenem Ort will er das Buch nur unter der Feder gehabt, in diesem aber schon verfertiget haben. Wäre nun das letztere, so wollte ich selbsten aus meiner Armuth denjenigen einen jeden Bogen davon mit einem Ducaten bezahlen der mir solches zum Gebrauch geben wollte. Dann ich zu unserm Friesen ein so grosses Vertrauen habe, dass ich mir sicher verheisse, es würde solches Buch nicht allein zu der wahren Beschaffenheit des Frankenlandes nach dem Ausgang der carolingischen Kaiser dienen: sondern auch dem deutschen Staats- Lehen- und Bürgerrecht ein gar mächtiges Licht geben. Wesswegen ich dem Besitzer davon sein Gewissen rühre, diese nützliche Arbeit seinem Vaterland nicht vorzuenthalten. Die zahl-

5 *

reichen Schriften welche über das Herzogthum Franken und insbesondere
über das kaiserliche Landgericht desselben [1]) erschienen sind, beispielsweise Johann Gottlieb Gonne's de ducatu Franciæ orientalis disquisitio
ad fidem diplomatum atque scriptorum instituta vom Jahre 1756, des
Johann Heinrich Drümel [2]) hiegegen gerichtete Demonstratio historico-
diplomatica in qua partim novis partim selectioribus argumentis osten-
ditur ducatum et judicium provinciale Franconiæ a multis jam sæculis
pertinere ad episcopatum wurzburgensem vom Jahre 1758, der Anhang
zu des Heinrich Christian Freiherrn von Senckenberg Abhandlung
der wichtigen Lehre von der kaiserlichen höchsten Gerichtsbarkeit in
Deutschland vom Jahre 1760, des Bargildus Franco oder eigentlich
letzten ebracher Abtes Eugen Montag Disquisitio de ducatu et judicio
provinciali episcopatus wirceburgensis in ordine ad valorem argumenti
præsumtæ ex situ superioritatis territorialis [3]) vom Jahre 1778, das
dritte Stück in des trefflichen Josef Maria Schneidt Thesaurus juris
franconici I S. 68—93 vom Jahre 1787, Schneidt's Oratio de ortu
jurisdictionis episcopatus wirceburgensis nec non de significatu vocum
parochi et bargildi ebendort I S. 4330—4390 vom Jahre 1790, wieder
Schneidt's Betrachtungen über die Verfassung des Hofgerichts und
kaiserlichen Landgerichts des Herzogthums zu Franken in dem fünf-
zehenten Jahrhunderte ebendort I S. 4193—4329 vom Jahre 1791, sie
weisen keine eigentliche Benützung der Arbeit des Lorenz Fries auf,

1) Vgl. Schneidt's Thesaurus juris franconici I S. 266 und 287 in der Note unter II.
2) Er ist der Verfasser der hier in Betracht kommenden auch in Schneidt's Thesaurus juris
franconici I S. 265 — 470 abgedruckten Demonstratio. Er war Professor und Rector des
Gymnasiums in Regensburg, und ist auch durch andere Schriften genugsam bekannt.
    Er zeigte die Erfüllung des ihm gewordenen Auftrages, die eben berührte Disquisition
des erlanger Professors Gonne gründlich zu widerlegen, dem Fürstbischofe von Wirzburg
in einer Zuschrift vom 29. April 1756 an, welche der Reichstagsgesandte Georg Josef
Nicolaus Marckloff mit Begleitschreiben vom 3. Mai des genannten Jahres an den Fürstbischof einsendete, des Inhalts dass, nachdem ihm vor ungefähr zehn Wochen die Abhandlung Gonne's unter der Anzeige übermittelt worden dass eben dem Johann Heinrich
Drümel, der sich zu der fraglichen Widerlegung erboten, die Arbeit gegen ein Honorar
von 400 fl übertragen werde, nunmehr selbe in lateinischer und deutscher Sprache verfasst
worden und mit dem erwähnten Schreiben Drümels in Vorlage komme.
3) Sie ist auch mit einem neuen Titelblatte vom Jahre 1784 vorhanden: De disquisitionibus
in ducatum et judicium wirzeburg.

sie haben nicht unmittelbar aus ihr geschöpft. Es hat förmlich den
Anschein, als ob sie rein für verloren gegolten, eine Ansicht welche
sich auch noch in einer besonderen im Jahre 1853 bei Gelegenheit der
Errichtung einer Gedächtnisstafel an dem vormaligen Wohnhause des
gefeierten fränkischen Chronisten von Heffner und Dr. Reuss heraus-
gegebenen Schrift[1] vertreten findet.

Es ist eben dieser Arbeit des Lorenz Fries wie so verschiedenen
anderen von ihm ergangen. Sie waren aus archivalischen Quellen —
und zwar im grossen Ganzen weniger aus den Originalurkunden des
Archives denn aus den zahlreichen Copial- und übrigen Geschäftsbüchern
der Kanzlei — vorzugsweise wieder zu archivalischem und geschäftlichem
Behufe angelegt, und fanden desshalb wohl fort und fort ihre Benützung
im Archive und in der Kanzlei wie überhaupt für amtliche Zwecke,
drangen aber im Gegensatze zu seinen grösseren geschichtlichen Werken
des Bauernkrieges oder gar der würzburgischen Chronik weniger in die
Kreise der gelehrten Welt und des Volkes.

1) Lorenz Fries, der Geschichtschreiber Ostfrankens, S. 29 und 80 unter Ziff. 1.

Dem gegenüber machte Dr. Ruland in seinem Aufsatze über „das Epitaphium des
Geschicht-Schreibers von dem Bischofthum Wirzburg" im Archive des historischen Vereins
für Unterfranken und Aschaffenburg Band XIII S. 303 in der Note den Versuch, sie
dennoch als gerettet zu betrachten, indem er äussert: sicherlich sei diese Arbeit keine
andere gewesen als die im Schneidt'schen Thesaurus juris franconici Abtheilung I S. 94
bis 192 abgedruckte „Ungeuebrliche Anzaigung" welche in den Handschriften selbst den
Titel „Alte Landtsgebreuch" u. s. w. führt. Apodictisch werde dieses aber im Zusammenhalte mit Schneidt a. a. O. S. 268, wo jene „Alte Landts Gebreuch" selbst als das Fries'sche
Werk bezeichnet werden.

Diese „ungeuebrliche Anzaigung" u. s. w. hat bereits Reichsfreiherr v. Seckenen-
berg im Anhange zu seiner Abhandlung über wichtigen Lehre von der kaiserlichen höchsten
Gerichtbarkeit in Deutschland S. 33 — 112 beziehungsweise 116 zum Abdrucke gebracht.
Aber er konnte schon damals im Zusammenhalte mit der Stelle aus der Chronik des
Lorenz Fries über das kaiserliche Landgericht:
     von den Fellen aber in diser Freihait — nämlich des Kaisers Friedrich I vom
     10. Juli 1168 — bestimbt, als raube brandt aigen leben leute vnd bluturach, wie.
     die selbigen, auch das wort pargulden vnd andere dunkele worte zuuerstehen sein,
     vnd zuuorderst von dem hertzogthumb vnd Landgericht, auch allen iren Freihaiten
     grenitzen gewonhaiten gebreuchen vnd anderem hab ich ain sunder buch gemacht
das Bedenken über die Identität der fraglichen Schriften nicht unterdrücken, sondern
bemerkt ganz bestimmt §. 1 S. 6 Note o: Dieses Buch muss was anderes seyn als das-
jenige was ich gegenwärtig an das Licht bringe.

Bei solchem Stande der Sache möchte sich wohl die Untersuchung welche wir hier an-
stellen rechtfertigen.

So bewahrt denn auch noch heutzutage das wirzburger Archiv
einen von der Hand unseres Magister gefertigten Fascikel,
welchen wir wohl wenigstens als den Entwurf der Abhandlung über das
Herzogthum Franken und das kaiserliche Landgericht desselben zu betrachten haben. Er ist beispielsweise in dem vom Archivar Seidner
im Jahre 1814 gefertigten Verzeichnisse einer Sammlung von Handschriften des wirzburger Archives unter Ziffer 5, welche er zur Stunde
noch trägt, aufgeführt, und zwar ausdrücklich unter der Bezeichnung
als Fragment. Seiner gedenkt auch die vorhin erwähnte Schrift von
Heffner und Dr. Reuss vom Jahre 1853 S. 28 und 29 unter IV, woselbst daraus die Verdeutschung mitgetheilt wird welche Lorenz Fries
für den bekannten Wahlspruch des Hochstiftes „Herbipolis sola judicat
ense stola" dahin macht: Dem Bischof zu Wirtzburg allain jst das
schwert vnd stol gemain. Der spätere Vorstand dieses Archives sodann,
Professor Dr. Contzen, bemerkt in dem von ihm erstatteten Jahresberichte des historischen Vereines von Unterfranken und Aschaffenburg
für 18⁵⁶/₅₇ und 18⁵⁷/₅₈ bei Gelegenheit der von ihm beabsichtigten
Herausgabe der „Geschichtsquellen des Bisthums Wirzburg" S. 17 unter
c zunächst noch dass dieses Werk unseres Lorenz Fries allgemein für
verloren gelte, und schliesst nach Anführung der vorhin mitgetheilten
Stelle Ludewigs mit dem Satze: Ich habe die Schrift, von Fries eigener
Handschrift, wieder aufgefunden.

Unsere Studien hierüber führen zu folgenden Ergebnissen.

Das eben erwähnte Fragment, aus 66 Seiten in Folio[1]) bestehend,
von Lorenz Fries geschrieben, scheint uns dessen Entwurf zu der

---

1) Das erste wahrscheinlich von Anfang an zur Decke oder zum Titel bestimmte Blatt der
ersten Lage ist hiebei nicht mitgezählt.

Somit reicht der erste Quintern bis S. 18, der zweite von S. 19—38, während die
dritte Lage aus einem Sexterne von S. 39—62 besteht. All dieses und weiter das Blatt
mit S. 63 und 64 ist von Lorenz Fries paginirt, während die Bezeichnung der ersten
Seite des folgenden noch mit Notizen von ihm beschriebenen Bogens, nämlich 65, nicht
mehr von ihm ist.

Es möchte hiebei wohl die Frage auftauchen, ob nicht etwa zwischen Seite 64 und 66
seinerzeit noch so manches eingeschoben gewesen was nunmehr zu Verlust gegangen.

Wenn auch, wie bemerkt, S. 65 und 66 zwar noch die Schrift des Lorenz Fries auf-
weisen, so trägt doch ihr Inhalt weit mehr nur den Charakter einer flüchtig hingeworfenen
Skizze als das Übrige.

Abhandlung über das Herzogthum Franken und das kaiserliche Landgericht desselben zu sein, welcher seinerzeit umgear-
beitet und umgeschrieben wurde, welche Umarbeitung aber und Reinschrift uns bis zur Stunde nicht unter die Hand gekommen.

Wenn wir in dem archivalischen Produkte um welches es sich handelt
lediglich einen Entwurf zu der bemerkten Arbeit des Lorenz Fries
erkennen zu dürfen glauben, stützt sich diese Annahme zunächst auf
die Beschaffenheit des Stückes selbst, wie auf verschiedene Bemerkungen
in demselben welche wir nicht anders zu deuten vermögen. Was das
erstere betrifft, macht das Werk durchaus den Eindruck einer in einzelnen
Gruppen schon so zu sagen vollständig durchdachten und fast fertig
hingeworfenen Darstellung, während bei anderen die Verweisung auf
Umstellungen wie Abänderungen wie Erweiterungen welche da und dort
vorzunehmen seien [1]) den Charakter eines Entwurfes wohl zur Genüge
kennzeichnet. Ergibt sich doch beispielsweise das zum Theil unfertige
Wesen gewiss schlagend daraus dass er einmal aus einem anderen seiner
Werke mir nichts dir nichts ein Stück eines Blattes ausgeschnitten und
zur seinerzeitigen Benützung [2]) eingelegt hat. Was das andere anlangt,

---

1) Es findet sich beispielsweise auf S. 9 zunächst die Bemerkung dass an der betreffenden
Stelle etwas aus (Fol. 15 oder wie es eigentlich heissen soll) S. 15 einzuschalten, und
weiter eine andere Hindeutung dass etwas auf S. 9 befindliches erst später auf (Fol. 27
oder wie es eigentlich heissen soll) S. 27 zu übertragen sei, welche beide Beziehungen vollkommen richtig zutreffen.

Auf S. 1 und 2 sind die ersten Abschnitte „von ursprung vnd herkomen der Francken"
vnd „wie die Francken der Gallen land eingenomen, das nach jnen Franckreich genant, vnd
zum christlichen glauben komen sein" durchstrichen, und er hat an die Spitze hinbemerkt:
zu corrigiren nach der histori meiner bischoffen.

Auf S. 20 begegnet uns eine Bemerkung woraus hervorgeht dass die Einfügung einer
Karte des Herzogthums Franken und seines kaiserlichen Landgerichtes beabsichtigt gewesen: da ain mappen zu machen aus disen gnien vnd den districten der ertzpriestern

2) Am Schlusse der S. 2 nämlich des ersten nicht gezählten Blattes steht neben einer an den
Rand gezeichneten grossen Verweisungsband: Nota aus dem quatern H pagina 2 et 34.
Es ist hiemit nichts anderes gemeint als der seinerzeit zur Besprechung kommende Entwurf der sogenannten hohen Registratur, in welchem wirklich das erste Folium des Buch-
stabens H, also Pagina 1 und 2, ganz und gar fehlt, während aus dem Blatte der Seiten 33
und 34 ein durchlaufender Querstreifen ausgeschnitten ist, welcher noch zur Zeit lose in
unserem Manuscripte 5 liegt, und vollkommen nicht allein dem Inhalte nach sondern ganz
und gar in den Schnitt und die oben und unten biedurch getheilten Buchstaben des
Blattes der Seiten 33 und 34 von H im Entwurfe der hohen Registratur hineinpasst. Es

begegnet uns auf der einen Seite die ganz bestimmte Aeusserung dass
für die zweite oder weitere Bearbeitung [1]) noch die Laden der das
kaiserliche Landgericht betreffenden Archivalien genau durchzusehen
seien, wie anderntheils nicht mit Stillschweigen übergangen werden
darf dass sich hier und dort Verweisungen auf etwas [2]) finden wovon
in unserem Fragmente selbst nichts mehr vorkommt.

Auch dürfen wir für diese unsere Ansicht wohl noch anführen,
dass uns zwei Stellen zu Gebote stehen welche selbe wesentlich unter-
stützen möchten. Lorenz Fries sagt nämlich bei Gelegenheit der Erwähnung des kaiserlichen Landgerichtes in seiner Arbeit über die weltlichen und geistlichen Gerichte des Hochstiftes und der Stadt Wirzburg
(beziehungweise des Herzogthums Franken) in dem Artikel „Gericht"
in der sogenannten hohen Registratur: Nachdem ich von dem hertzogthumb zu Francken vnd ietzberurtem seinem landgericht, auch derselben
grenitzen, freihaiten, gewonhaiten vnd gebreuchen ain sunder buch zu
machen vorhab, darin man sich was ferner dauon zu wissen von nöten
wol erkunden mag, lasz ich es an disem orto dabei beruhen. Möchte
man aus dem Umstande dass er vorher geschrieben hatte: ain sunder
buch gemacht, was er sodann in die Worte „ain sunder buch zu machen

---

sind darauf Bemerkungen über das „Herzogthum zu Franken" enthalten, dessen Wappen
an den Rand gezeichnet ist. So beispielsweise: Hertzogthumbs zu Francken wapen das
panir. contr. Brun. Fol. 174. in diners. form. einsdem Fol. 289. wan das dem stift geben,
vnd wie solchs angezaigt wort, im alten bambergischen geprochen buch Fol. 136. 146 d.
248 f. 252 f.

1) Nota — heisst es sogleich auf der ersten Seite des ersten wohl zur Decke oder zum Titel
bestimmten nicht paginirten Blattes noten — in 2tia editione die Landgerichtsladen claine
vnd grosse zuuor vlaissig zubesichtigen.
     Darunter steht noch weiter: Kampfrecht mit einzubringen.

2) So lesen wir beispielsweise S. 39 bezüglich des Kampfrechtes, dass „dauon hernach in
sonderhait gesagt" werde. Das ist allerdings S. 42 der Fall, aber gerade da beisst es
wieder: wie dann von demselben kampfrechte, welchs man sunst das Franckenrecht nennet
hernach ferner meldung beschicht. Es ist auch später, nämlich S. 50. hievon die Rede
aber wieder mit der Verweisung: dauon hernach weiter.
     Noch S. 60 vernehmen wir bezüglich der besonderen Gebräuche und althergebrachten
Gewohnheiten des kaiserlichen Landgerichts: von denselbigen gebräuchen vnd gewonhaiten,
auch den satsongen ordnongen vnd reformationen des berurten landgerichts zu Francken
ist hernach ain sonder auszug gemacht. Er ist aber daselbst nicht mehr vorhanden.
     Vielleicht dürfen wir hier an das erinnern was vorhin S. 180 im vorletzten Absatze der
Note 1 angedeutet worden, ob nicht etwa zwischen S. 64 und 65 so manches ausgefallen.

vorhab" verwandelte, wohl nicht mit Unrecht darauf schliessen können, dass er gewissermassen dessen zweite Ausgabe in der Arbeit oder jedenfalls entschieden im Sinne gehabt, so ist uns eine Bemerkung hiezu von späterer Hand von Wichtigkeit, welche besagt: Ligt jn der Registratur truhen vneingebunden. Das passt vollkommen zu unserem Fragmente, welches heutzutage noch uneingebunden ist, und auch nicht die mindesten Spuren irgend eines ehemaligen Einbandes aufweist. Bei einer anderen Gelegenheit, nämlich wo er am angeführten Orte das Kampfrecht zu behandeln hat, äussert er: Von dem kampfrechten vnd seiner ordnung, auch wa vnd wie das gehalten worden ist, will ich nach der lenge antzaigung thun jn dem buch vber das hertzogthumb zu Francken vnd desselben landgericht gemacht. Auch hier stand anstatt der Worte „will ich nach der lenge antzaigung thun" ursprünglich: hab ich nach der lenge antzaigung gethan. Für uns aber ist entgegen dem vorhin mitgetheilten Zusatze späterer Hand von Bedeutung wieder ein Eintrag späterer Hand, welcher meldet: Jst auch ein klain buechlein jn gel pergamennt. ligt bei den Büchern — hier ist das ursprüngliche „Gerichtes ordnung vnnd Rechten" durchstrichen — Kampfrecht genannt. Das ist demnach ein anderes Exemplar. Warum nicht wohl die zweite Ausgabe wovon die Rede gewesen?

Insoferne uns nur der mehr berührte Entwurf zur Verfügung steht, können wir auch nur von ihm handeln.

Was das Aufkommen des kaiserlichen Landgerichts des Herzogthums Franken anlangt, stellt uns Lorenz Fries in einer gewissen Uebereinstimmung mit dem Eingange zu seiner Zusammenstellung der fränkischen Landesgebräuche [1]) die Sache in der Weise dar, dass bei dem Tode des Herzogs Hettauf zu Wirzburg, der nur eine Tochter Umbine hinterliess, das Herzogthum dem Könige Pipin anheimfiel, der es dem heiligen Burkhart und dessen Stift zu Eigon gab, wie auch sein Sohn Kaiser Karl der Grosse bestätigte, welche Urkunde allerdings zu Grunde gegangen, während indessen ein Privileg des Kaisers Ludwig I und Gütigen

---

1) Vgl. v. Senckenberg im Anhange zu seiner Abhandlung der wichtigen Lehre von der kaiserlichen höchsten Gerichtbarkeit in Deutschland S. 41. Schneidt's Thesaurus juris franconici I S. 105.

den Beweis liefert, das solch kaiser Carls brief zu seiner zeit noch vorhanden gewest sind, durch ine besichtigt vnd bestettigt worden.

Hieran knüpft sich bezüglich des eigentlichen Ursprunges unter der Ueberschrift „Wie der stifft Wirtzburg, desselben leute vnd gutere vor frembden gericht vnd gwaltsam erstlich gefreit worden" die Darstellung von S. 6 — 8 wie folgt.

Bei zeiten bischoue Wolfgern des sechsten zu Wirtzborg jm jare des herrn 823 am 19 tag decembris hat kaiser Ludwig der erst vnnd guttig den schutz vnd schirme darein seine anher vnd vater konig Pipin vnd kaiser Carl den stifft Wirtzburg sampt iren leuten vnd gutern — wie dann solchs hie oben angezaigt worden — geuomen hetto widerumb vernewet, vnd dem gemelten stifft vnd seinen prelaten dise ferner begnadung vnd freybait geben, nemlich:

das furter kain gemainer richter oder iemant anders sich mit anmasung ainigen richterlichenn gewalts in kirchen, stette, veldung oder andere besesz des stiffts Wirtzburg welche er itzund allenthalben in den gegenden oder landschaften vater dem gebiete des reichs recht vnd redlichen besitzt oder hinfur durch gotes gutige merung erkobern wurde einlassen solle: I suchen zuhören, II friedenn zuuorderen, III läger oder atzung zuthun, IIII burgen oder geysele hinweg zunemen, V oder des genanten stiffts aigenleute oder jurwonere, jn latein accolas genant, in ainigerlay weg antzuziehen, VI oder sunst andere vnbillige anspruch zusuchen, VII oder solchs wie ohgemelt ist mit ichten zueruorderen, sonder solle dem bischof zu Wirtzburg vnnd seinen nachkomen geburen, alle des gemelten stiffts zugehorung vater freyungs schutz in ruiger ordnung zubesitzen vnd dem reich gehorsam zusein etc. priuileg. 202'.

Dis priuilegium[1]) gibt lauter zuuerstehn das auch noch bei leben konig Pipins vnd seines soues kaiser Carln etlichs leute gewesen sein den nit zum besten gefallen hat das dem newen bistum zu Wirtzburg vnd seinen vorstehern das hertzogthumb zu Francken vnd also die landsfurstlich obrickait herlickait gerichtbarkeit vnd gerechtickait vbergehen vnd in ewickait verwidembt was. dann wiewol s. Burghart ain fromer geschickter vnd vernunftiger man was, so ware im doch nit wol mit zeitlichem prachte. desgleichen bekomerten sich seine bruders auch nit vil damit, darumb sich etliche vnterstanden si an berurten iren obrickaiten gerichtbarkaiten vnd anderen gerechtickaiten in mancherlay weis zubetruben vnd abbruch zuthun. das wolten aber die gemelten kaisere vnd konige nit leiden, dann ir gemut was, disen stiffte, den si zu bischoflichen furstlichen ehren vnd wirden erhohet, vnd mit dem gedachten hertzogthumb begnadet hetten, nit allain in demselbigen seinem wesen zubehalten sonder auch zuauffen, deshalben dann si alle trey — nemlich konig Pipin, kaiser Carl, vnd kaiser Ludwig, vater sone vnd diechter — bewegt worden, den stiffte Wirtzburg mit allen leuten vnd zugehorungen itzigen vnd kunfftigen in iren sondern verspruch schutz vnd schirme zunemen, vnd zuuerbieten das nieman were der were dieselben mit frembden gerichtenn oder sunst in andere wege zubeschweren vnterstehn, sonder si bey dem iren geruiglich bleiben lassen solten.

---

1) Abgedruckt in den Monum. boic. XXXVII S. 4 und 5.

Vnnd ist dis die erst freyhait — vnter den die noch vorhanden sein — daruf das loblich landgericht des hertzogthumbs zu Francken gegrunt ist, welchs kunfftiger zeit von kaisern vnd konigen zu kaisern vnd konigen vernewet, vil leuterer gestelt, vnd bis vff disen kaiser Carln den funfften nach aller notturfft becrefftigt vnd bestettigt ist.

Von den weiteren besonders zu berührenden Privilegien, worauf „das loblich landgericht des hertzogthumbs zu Francken gegrunt ist" und durch welche es „sein wirckung vnd bestand hat" bezeichnet er als das zweite auf S. 15 das des Königs Arnulf vom 21. November 889; auf S. 21—23 als das dritte das des Königs Konrad I vom 4. Juli 918, als das vierte das des Königs Heinrich 1 vom 8. Juli 923, als das fünfte das des Königs Otto III vom 31. Dezember 993, als das sechste das des Kaisers Otto III vom 15. September 996; auf S. 25—27 als das siebente das von König Heinrich II vom 10. September 1012 beziehungsweise eines das im Jahre (1017) 1018 ohne näheres Datum zu Aachen gegeben ist; auf S. 28 als das achte das von König Konrad II vom 20. Mai 1025; auf S. 32 und 33 als das neunte das von Kaiser Heinrich V vom Tage Philippi und Jakobi des Jahres 1120; auf S. 33—36 als das zehnte das des Kaisers Friedrich I vom 10. Juli 1168: die Privilegien bezüglich welcher wir der Kürze wegen hier auf die in den Monumenta boica von Band 28 Abth. 1 beziehungsweise Band 1 Abth. 1 der neuen Folge an wie auch sonst befindlichen Abdrücke verweisen können.

Um das zuletzt angeführte gruppirt sich nun gewissermassen als um den eigentlichen Kern die umfassendere Darstellung desselben von S. 33—44 welche wir jetzt folgen lassen.

Von dem guldin priuilegi kaiser Fridrichen des ersten vber das landgericht des hertzogthumbs zu Francken.

Als die hertzogen von Sachsen in mergklichem widerwillen vnnd greinschafft gegen ainander stunden, legt kaiser Fridrich der erst ain gemainen hof oder reichstag gein Wirtzburg, daruf er si aller jrer irrung vnd vnainikait entlich vertrug.

Er gab auch vf demselbigen tag bischof Erholden zu Wirtzburg ain priuilegi oder freyhait mit ainem anhengenden sigill von gutem lauterem golde[1]) des ongeuerlichen inhalts, wie er von gedachtem bischof Erholden, seiner gaistlikait freien vnd dieneren ersucht vnd gebetten worden, das er allen gerichtzwang den seine vorfaren der stifft vnd hertzogthumb zu Wirtzburg von kaiser Carln dem grossen vnd allen seinen nachkomen

---

1) Abgedruckt in den Monum. boic. XXIX S. 390—894. Ebendort S. 385—389 findet sich auch der Abdruck eines anderen Originales mit nur aufgedrücktem Wachssigel.

bis dahin in rechtmessiger vnd geruiger gewere on minderung ingehabt vnd besessen haben[1]) jme dem bischof seinem stift vnnd hertzogthumb aus kaiserlicher macht guediglich bestettigen wolte. dieweil er dann die sachen im grunt dermasen gestalt befaude wie jme angezaigt, gab verlihe vnd bestettigt er daruf[2]) gemeltem bischof Erholden vnd seinen nachkomen

allen gerichtszwang oder volligen gewalt zu verhelfung des rechten durch das gantz bistumb Wirtzburg vnd hertzogthumb dartzu gehorig, dergleichen auch durch alle graueschafften in dem itzgenauten bistumb oder hertzogthumb gelegen

in sachen oder fellen autreffend
{ raub,
braut,
aigen,
lehen,
leut,
peinlickait, blutsrach.

Vnd ordent genanter kaiser Fridrich darbey gesetz weis, welchs zu ewigen zeiten weren vnd krefftig sein solle, nemlich

1) das kain person gaistlich oder weltlich wider die satzung der alten fursten,
2) wider die langwirig vnd rechtmessig gewere des stiffts Wirtzburg,
3) wider dise sein bestendige ordnung oder satzung
4) durch das gantz bistumb zu Wirtzburg vnd desselben hertzogtumb, auch die graueschafften darin gelegen,
5) in obgerurten sachen oder fellen
6) ainigen gerichtbarlichen gewalt oder macht vben solle,
7) dann allain ain bischof vnd hertzog obgenant,
8) oder der dem es von ime beuolhen wurt,
9) die widemleut bargilden oder pfargulten genant in den graueschafften wonend ausgenomen, die vor iren grauen[3]) zu ordenlichem rechten stehn sollen.
   vnd ist hiebey zumerken, das die bargilden on mittel vnter dem bischoue wonend nit ausgenomen sein, sonder allain die die hinter den grauen sitzen. aber sunst alle andere der grauen leute vnnd vntersessen gehören on das laudgericht.
10) es hat auch der obgemelt kaiser Fridrich in berurtem priuilegi verbotten, das in dem vorgedachten bistum vnd hertzogtumb oder darin gelegen graueschafften

1) Hier hat Fries an den Rand bemerkt, dass der Kaiser rem non nouam aggreditur, sed dat concedit et confirmat das die bischof vor alterbers gehabt.
2) Am Rande findet sich hier die — wohl für die seinerzeitige Reinschrift bestimmte Bemerkung: Forte bonum et priuilegium huc transsumptine sumatur.
3) Hiezu hat Fries an den Rand bemerkt: Graue ibidem aduocatus ab jmparatore vel — quud magis credo — episcopo constitutus, wie wohl anstatt „constituto" zu lesen sein wird.

niemant zent vfrichten oder zentgrauen setzen solle dan mit bewilligung vnnd zulasung
der bischofe vnd hertzogen zu Wirtzburg.

11) welcher aber dise seine kaiserliche begnadung vnnd freyhait verbreche, das
derselb tausend pfund gut lodigs golds halb der kaiserlichen cameru vnd den
andern halbtail dem bischof vnd seinem stifft verfallen sein solle.

Jst beschehen am x tag Julij anuo 1168. priuileg. fol. 232.

Vnnd ist dits priuilegi das zehend, vnd vnter anderen dauon bis here meldung
beschehen das richtigist lauterst, vnd wie oblaut mit ainem anhangenden gantz guldin
sigil besigelt, darumb es auch dio guldin freyhait genenet wurt.

Von den fellen vnd sachen an das landgericht gehorig.

Ob wol auch in dem itzgemelten guldin priuilegj nit mer dann sechs austruckliche
felle oder sachen bestimbt werden die an das gerurt hochgefreit landgericht des hertzog-
tumbs zu Francken gehoren, so begreiffen vnd bringen doch dieselbigen vil andere mer
felle vnd sachen mit jnen die au gedachtem landgericht vor alterhere gerechtuertigt
worden sein, vnnd noch.

Vnd desselben zu ainem lauteren gruntlichen vnd cluren bericht hab ich die latein-
ischen worte aus dem priuilegi hertzu gesetzt, vnd was ain iedes nach alten herkomen
gebrauch vnd vbung des gedachten laudgerichts bedeut bezaichen vud begreiffe durch
sein geburend teutsch ausgelegt wie hernach vnterschiedlich meldung dauon beschicht.

1) Praedae. raub, ranherey, plackerey, landfridbruch, vergwaltigung.[1]
2) Incendia. brant, mortbrant.
3) Vindicta sanguinis, scilicet effusi vel effundendj ob maleficium.[2]) blutsrach, bluts-
zwang, ban vber das blut. also wurt es in ainem priuilegi kaiser Fridrichen des
tritten[3]) verteutscht. priuileg. fol 63 et 63'.

Die ersten zwai worte haben jr sonder teutsch. aber in dem tritten als in ainem
gemainen worte sind alle malefitz hendele vnd peinliche sachen die hand vnd hals —
das ist leib vnd leben — anlaugen begriffen, als zwang, mort, diebstal, notzucht,
falsch, verwundung etc.

Jch halt jstam vindictam pro vnico et vero regali. potestas: id est rex habet gladium
animaduersionem in maleficos. hanc conmittit principibus, principes centurionibus. sint
ergo centuriones probi justi aequi etc.[4]

---

1) Die beiden Worte „landfridbruch, vergwaltigung" hat Fries erst später beigesetzt.
2. Die Stelle „scilicet effusi vel effundendj ob maleficium" hat er gleichfalls erst später
eingeschoben.
3) Ueber die Belehnung des Fürstbischofes Johann mit den Regalien des Hochstiftes vom
Montage nach dem Sonntage Reminiscere des Jahres 1457.
4) Diesen ganzen Absatz hat er auch erst später noch beigeschrieben.

4) Allodia. erb oder aigen,
das ist hebliche spruch
vber erb vnd aigen, stain
vnd rain, grunt vnd
bodem. aus den komen

{
erbschafft, erbtail, tailung;
testament, codicill, letztewillen, geschefft, legaten;
vbergab, vermechtnus;
vormundschafft, pfleg;
ehebetaidung, verheiratung, ainkintschafft voraus;
verzig, heiratgut;
ledigung aus vaterlichem gewalt;[1]
bestetigung aller obberürter vnd anderer sachen vnd
vertrige.
}

5) Beneficia. lehenssachen.

6) Homines. leibaigenschafft[2], volg, rais, dienst; personlich spruch, als schuld, schmasachen,
kampf, et cetera; bitzig purgation oder benemung vfgelegten vnbillichen leymmats.[3]

Darnach sein auch volgende sachen daran gezogen vnd verrecht worden: wan ain
her oder edelman kaem lehengericht zubesetzen.

Grenitzen des landgerichts.

Vnnd ist hie sonderlich zumerken das kaiser Fridrich in disem priuilegi die grenitzen
des landgerichts in sonderhait nit austrucken oder speciuociren wollen wie hie oben
kaiser Arnbulf gethan hat, sonder hat dieselbigen mit dem bistumb gemessen vnd
beschlossen, dauon aber nachuolgender zeit durch vnfleiss und hinlessickait der bischofe
vnd andern zugestanden vnrathe dem stifft Wirtzburg vill entzogen worden.

Dieweil aber in gemeltem priuilegi vnter anderm auch begriffen ist das ain bischof
zu Wirtzburg als der hertzog zu Francken solch landgericht selbst oder durch ainen
anderen dem er es beuelhen wurt besitzen vnd vben mög, vnnd aber der sachen vnd
felle so daran zurechtuertigen gehören gar mancherlay, vnd dartzu an irer art vnd natur
ain ander vngleich sein, haben die alten bischofe zu Wirtzburg vnd hertzogen zu Francken
dieselben vnterschaiden, vnd die leben sachen an ain sonder ort, nemlich fur die lehen-
manne, bey den ain bischof selbst oder dem er es beuolben als lehenrichter gesessen,
vnd in fellen die leben betreffend vnd was dem anhengig ist recht gesprochen, vnd noch

Was raub, brant, andere blutsrach oder peinliche handlung berurt hat, das ist durch
ain schultaissen zu Wirtzburg der an stat des hertzogen zu Francken als ain richter da
ist vnnd die dartzu geordente vrtailer oder schopfen, dauon balt hernach ferner meldung
beschicht, an ainem sonderen orte gerechtuertigt, vnd dasselbig gericht das landrecht im
hertzogtumb zu Francken genenet worden, wie es dann noch haist

---

1) Diese Zeile ist gleichfalls später eingeschoben, und hat Fries hiezu an den Rand bemerkt:
1 contractunm Rudolfi Fol. 375'. 376.

Beide Folien beziehen sich auf die dortselbst befindlichen Urkunden über die Emanci-
pationen des Wilhelm von Bibra vom Sonntage Dionys des Jahres 1468 und des Philipp
von Bibra vom Dienstage vigilia Johanns des Täufers des Jahres 1472.

2) Nach diesem Worte stand ursprünglich noch: atzung.

3) Nach diesem Absatze steht die wohl für die Umarbeitung berechnete Zeile: Die andern
freihaiten vber das blut.

. Die häblichen spruchen vber erbschafft, stain, rain, grund, bodem, vnd andere sachen
denselbigen anhängig vnd daraus fliessend, wie si dann hieoben angezaigt, sein vor dem
bischof selbst oder dem er es in sonderhait benolhen als richter vnd den dartzu geordenten
vrtailern mit recht ausgetragen vnd geortert, auch dasselbig gericht das landgericht des
hertzogthumbs zu Francken gehaissen worden.

Aber die personlichen spruche, als schuld, schmahesachen, vnd andere dergleichen,
sein des clagers gefallen nach an welchem der beder obberurten orte ainem ime solchs
zu suchen gelegen frey gelasen.

Doch so sich zwischen den granen beren dem adel vnd andern im hertzogthumb
gesessen schmahe sachen — als von wegen ketzerei, vorreterei, mainaids, feldflucht,
mords, falscherei, feldgefencknus, verbrochener trew, kirchenbruch, oder nottzucht —
zugetragen, sind die durch das kampfrecht, danon hernach in sonderhait gesagt wurt,
gerechtuertigt worden. [1]

Vnnd sind dardurch die obgedachten gegebene freyhaiten oder darin verleibte [2]
obrickait vnd gerichtszwang nit zertrent noch zergentzt, sonder allain die daraus ent-
springende gerichte in ordnung bracht, damit ainem ieden vmb sein spruch vnd vorderung
nach gestalt vnd gelegenhait ainer ieden sachen geburliche gerichtshilf deste ordenlicher
vnd schleuniger begegen vnd mitgetailt werden möge.

Kaiser Fridrichen des 1 freihait super vindicta sanguinis gegen der stat Sweinfurt
angezogen [3] capitulari [4] fol. 259'.

Von dem landrechten vnd warumb es bruckengericht, oberst zent, vnd
statgericht genent wurt.

Nachdem auch die bischone zu Wirtzburg als hertzogen zu Francken, wie ob vnd
hernach geschriben stat, dermasen begnadt vnd gefreiet worden, das in dem bistumb
Wirtzburg vnd dem gemelten hertzogtomb on ir wissen vnd bewilligung kain zent gemacht
vnd vfgericht, auch kain zentgrane gesetzt werden solle, ist durch die itzgemelten bischofe
zu Wirtzburg daruff verordent vnd gesetzt, das das gericht — wie oblaut das landrecht
genant — die oberst zent in dem stiffte Wirtzburg sein, vnd von den vrtailn vor den
andern zenten des stiffts vnd hertzogthumbs an kain ander orte dan fur das gemelt
landrecht appellirt werden solle. das ist auch voralterhere also gebraucht vnd gehalten
worden, vnd noch.

Der schopfen oder vrtailer an berurtem gericht sind neun persone, die von ainem

1) Dieser Absatz ist von Fries nachträglich eingeschoben worden.
2) Ursprünglich stand noch hiebei: gelihoue gegebene.
3) Dieser Absatz ist von Fries erst später eingesetzt worden.
4) Ueber ihn lesen wir in Schätzlers alphabetischer Verzeichnung der Archivalbände der
fürstbischöflich wirzburgischen Kanzlei:
Ein gemeines geschmeidigs vnd mit weissem leder gantz vberzogen buch ligt da. in
welchs vil vertrege vnd andere schriften die in des capittels verwarung erhalten abcopirt
worden, die hieuor nie registrirt gewesen: derwegen den solch buch von dem gemelten
domcapittel „capitularis" genennet vnd vberschriben worden ist.

bischof zu Wirtzburg als hertzogen zu Francken aus seinen burgern zn Wirtzburg erkoren vnd genomen werden, welche neben ainem schultaisen zu gericht sitzen, vnd in allen burgerlichen sachen fur si gehörend vrtail sprechen.

Aber in peinlichen sachen sitzen noch funff schopfen bey den neunen itzgedacht: deren sein zwen von Cell aus der Gassen, zwen von Butelbrun, vnd ainer von Höchberg, darumb das dieselben flecken auch an die zent gein Wirtzburg gerichtbar sein.

Vnnd so in peinlichen sachen danon itzgemelt oder in executionen vnd verurtailung zu der acht vmb vngehorsame oder sunst iemant geurtailt werden solle, werden solche gerichte alwegen in ainer sondern dartzu gemachten vnd gerichten behausung jhenseit Mains an der brucken vber den Main, aber sünst in allen andern sachen inwendig der stat Wirtzburg vf dem alten bischoflichen sale gehalten.

Danon herkomen, das solch gericht vier vnterschiedlich namen hat, vnd doch der gerichts personen vnd sunst aller ding halben nit mer dan ain ding ist, allain das in peinlichen sachen noch funff schopfen ans den obberurten enden den neun andern vrtailern zugesetzt werden, wie oblaut.

Vnnd sind das die namen damit es genent wurt mit seinen vrsachen:

1) Landrecht, aus crafft der kaiserlichen vnd koniglichen freihaiten daruber gegeben, wie oblaut.

2) Oberste zent, darumb das von allen andern zenten des stiffts daher appellirt, auch wa richter vnd schopfen an den auswendigen zenten dem stifft Wirtzburg irer obrickait ichts zu abbruch vnd nachtail furgenomen, das solchs daselbst gerechtvertigt worden.

In den hennebergischen gebrechen such, als die schopfen an der zent daselbst Henneberg zustendig vfgefordert, vnd darumb am bruckengericht mit recht furgenomen etc.

3) Bruckengericht, von wegen der peinlickait vnd achte die heraus an der brucken des Mains in ainer dartzu geordenten behausung, wie obstet, gehandelt werden.

4) Stat- oder salgericht,[1] das alle andere burgerliche hebliche vnd personlich spruche, auch schmasachen[2] vf dem sale in der stat vor den 9 personen dises gerichts[3] gerechtvertigt vnd ausgericht werden.

Vnnd sind vor alter sonderliche ordnunge vnd reformation gemacht, Jn was sachen, auch wie vnd welcher gestalt an dem gemelten landrechten procedirt vnd gehandelt werden solle, wie dan dieselben hernach In sonderhait verzaichet stehn.

Von den richtern vnd vrtailern am landgericht des hertzogthumbs zu Franckenn.

Damit kome ich wider an das ander gericht des hertzogthumbs zu Francken, das landgericht genant.

Daran sitzt ain domher des capitels zu Wirtzburg an des bischofs stat als ain

---

1) Anfänglich hatte Fries nur „statgericht" geschrieben.
2) Ursprünglich stand nur: burgerliche sachen
3) Anfangs hiess es bloss: vor disem gericht.